PETITE MONOGRAPHIE

DE

MANTES ET DES ENVIRONS

VUE GÉNÉRALE DE MANTES PRISE DE SAINT-SAUVEUR

Paul Poirier

MEMBRE DE PLUSIEURS SOCIÉTÉS ARCHÉOLOGIQUES

HISTOIRE

ET

DESCRIPTION

DE

MANTES

ET DES ENVIRONS

« Si vous saviez, Madame, combien cette ville m'est chère ! Mantes a été autrefois mon Paris, ce château mon Louvre, ce jardin mes Tuileries, où je pris de fort bonnes résolutions. »
Paroles de Henri IV à la reine.

PETITE MONOGRAPHIE

ILLUSTRÉE DE NOMBREUSES VUES INÉDITES

EN VENTE

chez D. DURDANT, Libraire.

MANTES.

TABLE DES VUES

TABLE DES MATIÈRES

ITINERAIRE

LES ENVIRONS

EPILOGUE

Notre-Dame de la Mère

AU LECTEUR

Pendant un séjour de plusieurs années dans la vieille cité Mantaise, l'étude approfondie de sa remarquable église, la connaissance acquise d'un glorieux passé dont le souvenir vit encore avec les monuments qui en furent témoins, nous firent souvent regretter qu'un livre, humble de forme, sans aspirations scientifiques, n'existât pas et pour les habitants de la ville et pour les étrangers empressés chaque année à la visiter.

Nous avons essayé de combler cette lacune.

Captivé par l'attrait du sujet, désireux d'être utile à plusieurs, nous n'avons pu rester dans le cadre, que nous nous étions tout d'abord tracé, d'une monographie de la cathédrale : l'histoire, la topographie de la ville, les souvenirs si pleins d'intérêt des pays voisins, enfin les richesses archéologiques dont Mantes et ses environs sont couverts, tout nous sollicitait à réunir dans une étude plus étendue, quoique toujours bien modeste, ce qui pouvait rappeler aux uns les travaux et la gloire des aïeux, et guider les autres dans des excursions tout à la fois charmantes et utiles.

Si nous avons réussi, que le mérite en revienne et à nos anciens annalistes dont les récits de chaque jour nous ont transmis les faits du passé, et aux chercheurs de notre temps qui, par un patient labeur, remirent en lumière ces récits d'un autre âge. Nous n'avons eu qu'à marcher à leur suite dans le vaste champ par eux exploré, pour recueillir notre humble gerbe.

Avec confiance nous l'offrons aux bons habitants de l'antique et noble cité, en souvenir des heureuses années qu'il nous a été donné de passer au milieu d'eux.

Nous lisons dans nos vieux historiens que les échevins de la ville, avant d'exercer les fonctions auxquelles les avait appelés le suffrage de leurs concitoyens, s'en allaient processionnellement aux pieds de la Vierge, Patronne de la ville, déposer les insignes de leur dignité et la prier de les bénir.

A leur exemple nous Lui offrons ce livre. Daigne sa bonté maternelle tenir pour agréables l'œuvre et l'auteur.

HISTOIRE

Pour obéir à notre modeste programme, nous n'entrerons pas dans les nombreuses et diverses opinions des auteurs, sur l'origine et les noms de la ville. La « *Chronique de Mantes* » (1) les résume avec conscience. Ils en peuvent faire la lecture, ceux qui veulent connaître à fond l'histoire si intéressante de cette cité, et apprendre mille faits particuliers d'un réel intérêt pour nos annales nationales. Ce nous est un facile devoir de reconnaître que, si elle n'est pas le guide unique suivi dans ce travail, nous la regardons

(1) La Chronique de Mantes ou Histoire de Mantes depuis le IXe siècle jusqu'à la Révolution par MM. Durand et Grave, 1883.

assurément comme le principal et non le moins fidèle.

L'existence de la ville de Mantes est démontrée, sans conteste, par l'histoire, dès le sixième siècle. Il est certain cependant, au témoignage des « substructions antiques, des monnaies, des médailles celtiques et romaines, des jetons, des vases, des tombeaux découverts « sur le territoire même de la ville ou de « ses environs » (1) que ce pays jouit, dans une antiquité plus reculée, d'une importance peut-être considérable.

Nous rappelons seulement pour mémoire, — les documents historiques ne permettent pas de les affirmer, — les ravages que les Normands, descendant la Seine, auraient plusieurs fois exercés contre la ville et par tout le pays.

Il faut arriver au XIe siècle, afin de voir la ville dans une vitalité qui ira croissante jusqu'aux dernières années du XVIe siècle, pour languir pendant le XVIIe, et disparaître, avec tant de pittoresques ou nobles choses, à la Révolution. Laissant à

(1) Recherches sur les Monnaies, Mereaux, Sceaux, Jetons historiques de la ville de Mantes, etc, etc, par J N. Loir

la « *Chronique* » le soin, dont elle s'acquitte à merveille, d'établir, avec force documents à l'appui, que Mantes ne dépendit jamais de Meulan, nous entrons sans plus tarder dans notre récit.

Avec le règne de Robert le Pieux (996-1031) commence véritablement l'ère historique pour Mantes. Henri Ier, fils de Robert, ouvre, contre Guillaume le Conquérant, une lutte acharnée, dont notre cité, du domaine de France alors, fut souvent le théâtre et parfois la victime. Elle fut prise, mise à sac et détruite de fond en comble par le bouillant roi d'Angleterre et duc de Normandie (1087). C'est l'un des faits les plus lamentables de cette époque : il mérite quelque détail.

Le roi d'Angleterre, pour faire cesser les incursions, sur le territoire normand, des chevaliers français, dont plusieurs de Mantes, avait réclamé la possession du Vexin. Il exigeait de plus que Philippe Ier lui remît Pontoise, Chaumont et Mantes. A ces prétentions, le roi de France n'avait opposé que des réponses évasives et de joyeux propos. Faisant un jour allusion à l'embonpoint de son rival, et à la maladie qui le retenait couché à Rouen : « Sur ma foi, dit-il, ce gros homme est bien long à faire ses couches ; il y aura sans doute grande fête à ses relevailles » Cette raillerie vint aux oreilles de Guillaume ; vivement irrité il s'écria : « Le roi « Philippe verra la fin de mes couches « trop tot à son gré ; car, par la splendeur « et la naissance de Dieu, j'irai faire mes « relevailles à Notre-Dame de Paris, avec « dix mille lances en guise de cierges »

Mantes fut la premiere à porter le poids de cette fureur La garnison et le peuple étaient sortis, un jour, pour juger des ravages exercés par les éclaireurs ennemis. Guillaume apparaît soudain, s'élance avec ses hommes, franchit les portes, et la ville est à lui. Il y fait mettre le feu, engageant lui-même ses soldats à tout piller, à tout detruire. Un grand nombre de personnes périt dans les flammes. Comme le roi galopait à travers les décombres, le cœur réjoui à ce spectacle de désolation, son cheval se cabre, le renverse et le blesse à l'arçon de la selle. On le transporta à Rouen où, apres avoir langui six semaines, il mourut le 9 septembre 1087. Sentant la mort approcher, et pour obtenir la rémission de « ses brigandages » il disposa de nombreuses sommes d'argent, pour relever les églises et les couvents détruits par ses ordres, « et envoya, avec « contrition, au clergé de Mantes, des « dons considérables pour rétablir les « églises qu'il avait brûlées. » Quelques années plus tard, les habitants avaient entièrement rebâti leur ville, moins le château qui n'était pas tombé aux mains des Normands Sortie de ses ruines jeune et riante, elle fut alors appelée « La Jolie » nom gracieux qu'elle a conservé et mérité jusqu'à nos jours. La tradition a gardé que ce fut dans la rue de la Chaussseterie, près le parvis Notre-Dame, que le vainqueur trouva la mort dans son triomphe.

Louis le Gros, fils de Philippe Ier, le malheureux compétiteur de Guillaume, eut à combattre, tout à la fois, Guillaume le Roux, fils et successeur du Conquérant, et un grand nombre de barons français, entraînés au service de l'Anglais, par Robert, comte de Meulan, et Guy de la Roche. La cité, occupée par les mécontents que dirigeait Philippe, frère de Louis, tomba au pouvoir du roi légitime, grâce à la vaillance et à la fidélité des bandes de paysans des domaines ecclésiastiques, organisées en milices et conduites, sous les bannières paroissiales, par leurs propres curés. Plusieurs journées de siège firent rendre à merci les défenseurs de la redoutable citadelle, établie derrière l'église Notre-Dame. Pour prix de leur fidelité, Louis VI octroya (1108) aux bourgeois de Mantes une importante charte de commune qui sanctionnait, en l'élargissant encore, l'autonomie, déjà ancienne, de la ville.

Si le regne de Louis VII donna quelque repos, employé à l'embellissement de la cité, l'arrivée au trône du belliqueux Philippe-Auguste ne laissa pas sommeiller plus longtemps l'ardeur guerrière de ses fidèles sujets. Un combat dans les plaines de Soindres (1180) couvrit nos armes d'un nouvel éclat. Ce fut le prélude d'une suite de succès qui rendirent, à nouveau, tout le Vexin Normand à la couronne de France.

Mantes servait alors de quartier général, où le roi trouvait les ressources nécessaires à ses expéditions, et le légitime repos que méritaient ses victoires, et parfois ses revers. Vainqueur, aux Andelys, de Richard Cœur de Lion ; vaincu, à son tour, dans un héroique combat aux portes de Gisors, dans lequel il n'opposait que « deux cents cavaliers et quel-

« ques gens d'armes de Mantes, aux mille « cinq cents chevaliers et à une multitude « infinie de cottereaux et autres, » il se vengea de ce glorieux échec par la prise de Radepont, de Chateau-Gaillard, et l'attaque simultanée des possessions anglaises de la Normandie, de l'Aquitaine et du Poitou.

Cette vie de guerroyeur infatigable se termina, par un acte de paix et de religion, au lieu même où tant de fois avaient été tenus des conseils de guerre et des assemblées générales de gouvernement. Le roi se rendait de Pacy-sur-Eure a Paris, pour assister à un concile : la maladie qui le tenait depuis longtemps, l'obligea de s'arrêter à Mantes où « après la célébration « des saints mysteres, le dernier jour, terme de sa vie bienheureuse. se présenta « à lui. . . On n'entend qu'un cri de deuil « dans toute la ville ; il n'est pas une mai« son, pas une place, pas un coin de rue « qui ne soient assourdis par les gémisse« ments et tout trempes de larmes. » (1)

(1) Guillaume le Breton. Ne en Bretagne il vint à Mantes, a l'age de 12 ans, pour y etudier les belles lettres, si grande était alors la réputation de nos écoles. Devenu chapelain de Philippe-Auguste, il suivit partout ce prince et devint son historien enthousiaste.

Ainsi les fidèles sujets du roi montraient, jusqu'après son trépas, l'attachement dont ils lui avaient donné bien des preuves durant ce long règne qui eut certes ses ombres mais aussi de nombreux jours de gloire. Il ne furent pas d'ailleurs séparés entièrement de leur souverain, et méritèrent que son cœur et ses entrailles reposassent dans le sanctuaire de leur magnifique et toute jeune cathédrale à l'achèvement de laquelle il avait dû contribuer par ses largesses.

La Veuve de Louis VIII, l'illustre Blanche de Castille, et son plus illustre fils, Louis IX, montrèrent leur grande affection pour notre ville et son église, en faisant don de riches ornements et autres objets d'art destinés au culte. Les armes de la reine mère se trouvaient, dit-on, dans les vitraux de Notre-Dame. Gassicourt lui doit certainement deux des magnifiques verrières que l'on admire encore à son abside. Elles portent, en la bordure intacte, les armes alternées de France et de Castille.

Le fameux Thibault, comte de Champagne, dont notre pays a plus à se glorifier comme chantre habile de la muse française, que comme sujet fidèle et dévoué, résida souvent dans nos murs et dut y composer quelqu'une de ses œuvres charmantes.

Jusqu'en l'année 1346, la 18e du règne de Philippe VI de Valois, le commerce prit une si grande importance, que nous voyons alors Mantes traiter de pair avec Rouen, et s'opposer victorieusement aux prétentions du Prévôt des Marchands de Paris.

Une ère de combats s'ouvre à nouveau, pendant laquelle ce pays sera disputé avec vigueur. Edouard III d'Angleterre s'empara de Mantes qui resta quelque temps, à son grand détriment, au pouvoir de Charles le Mauvais, roi de Navarre, allié de l'Anglais

Bertrand Duguesclin (1364) la fit revenir au roi de France, grâce à une ruse, si fréquemment employée dans les guerres anciennes, qu'on ne la voit pas, sans étonnement, presque toujours couronnée de succès. Quoi qu'il en soit, le légendaire travestissement de soldats, en vignerons cette fois, et la classique charrette renversée sur le pont-levis de la Porte aux Saints, livrèrent la ville au brave et rusé chevalier. Remis en possession de cette place si convoitée, Charles V fit exécuter de nombreux travaux aux fortifications extérieures, au château fort et à l'église, pourvue dès l'origine de moyens de défense « comme l'atteste la tour carrée placée au quatrième contrefort sur la rue Mont-Eclair. » (1).

Il sera parlé plus au long de tous ces travaux et de l'ensemble des fortifications dans la partie de l' « *Itinéraire* » qui leur sera consacrée.

La ville de Mantes dut se trouver bien honorée d'une marque spéciale d'affection qu'elle reçut de son roi, l'infortuné Charles VI. Elle fut la seule du royaume, avec Paris, à recevoir l'annonce qu'un héritier au trône avait été donné « par le bon plaisir de Notre-Seigneur. » (1386).

Les jours mauvais reparaissent, pour durer trop longtemps. La France, que la folie du roi privait de chef, était livrée aux partis et menacée d'une ruine complète. Bourguignons et Armagnacs mettaient Paris à feu et à sang ; les princes de la famille royale n'avaient pas honte, pour assouvir leurs vengeances personnelles, ou faire triompher leur infâme

(1) Chronique de Mantes.

ambition, d'en appeler au secours de l'étranger. Henri V d'Angleterre n'eut garde de laisser une occasion si favorable de tenter de nouveaux efforts contre cette France, dont ses prédécesseurs et lui-même se plaisaient à se nommer les rois. Harfleur, alors place très importante, toute la basse Normandie jusqu'à Rouen, tombèrent bientôt en son pouvoir. Mantes se rendit par faute de vivres et resta de 1416 à 1449 sous la domination anglaise. Tous les nobles, à l'exception d'un traître, s'éloignèrent, après la capitulation, pour n'avoir pas à prêter serment au maître étranger.

« Peu de temps après la prise de « Mantes le roi d'Angleterre assiège dans « la Roche-Guyon, Perrette de la Rivière, « veuve de Guy tué à la bataille d'Azin- « court. Elle se défend durant deux mois. « — Prêtez-moi serment, lui dit Henri, et « je vous laisserai vos terres, seigneuries « et meubles — Non, répond cette femme « héroïque, non ; j'aime mieux tout « perdre et m'en aller dénuée de tous « biens, moi et mes enfants, que me met- « tre ès-mains des anciens ennemis de ce « royaume, et délaisser ainsi mon souve- « rain, seigneur et roi. »

Ce trait de noble vaillance, (1) et notre histoire en est remplie de semblables, ne vaut-il pas ceux de l'antiquité, trop exclusivement proposés à notre admiration ?

Des jours meilleurs se lèvent enfin. La Providence suscita, contre ces redoutables adversaires, une faible jeune fille, Jeanne d'Arc. La confiance renaît au cœur de l'apathique Charles VII : après des prodiges de valeur, inspirés et bénis par le ciel, Jeanne et les illustres de Richemont, Dunois, la Hire, Tanneguy-Duchâtel, Xaintrailles, etc, etc. « boutèrent hors de France » l'odieux Anglais.

Les bons et fidèles bourgeois de Mantes souffraient cruellement de vivre sous le joug étranger. Une première fois, ils avaient clandestinement envoyé à Chinon, où était le roi, une députation des plus notables, pour s'entendre avec le conseil afin de rentrer sous son gouvernement. Le duc de Bedfort, régent pour le roi d'Angleterre, l'ayant appris,

(1) Histoire de Charles VI par J. Juvénal des Ursins, mise en lumière par Th. Godefroy, cite par Cassan.

fit pendre haut et court 22 des principaux. Cet acte de vengeance cruelle, loin d'étouffer le patriotisme des habitants, raviva leur haine contre l'oppresseur. « Quelque temps après, l'espoir du se-« cours apparaissant, ils se soulèvent, « s'emparent de la Tour St Martin et de la « Porte aux Saints, forçent les troupes an-« glaises à capituler et ouvrent leurs « portes, avec reconnaissance, à l'armée « libératrice du comte de Dunois. » (1)

On voit alors s'élever, sans doute, l'Auditoire, aujourd'hui le Tribunal, la Tour St Maclou, la gracieuse Fontaine sur la place de l'Hôtel-de-Ville (1520) et la Porte des Comptes, attenant à l'église, dont les restes disent assez le haut goût de l'architecte Nicolas Delabrosse auquel la « *Chronique* » attribue également la Fontaine. Chacune de ces richesses artistiques sera décrite tout au long dans la seconde partie.

Le lundi 1er jour de Mars 1535 voyait toute la ville sur pied et en habits de fête : Eléonore d'Autriche, seconde femme de François Ier, faisait son entrée solennelle

(1) Cassan.

dans la bonne et loyale cité. Il faut lire tout le détail de cette fête pour se représenter le faste et le joyeux enthousiasme que pouvaient déployer, alors, ces villes que nous appelons aujourd'hui dédaigneusement petites villes de province. « La « reine, sur son passage à travers les rues, « put contempler les tapisseries étalées « sur les murs comme au jour de la Fête- « Dieu, pendant que les pieds de ses che- « vaux foulaient la pavée dont le sol « était jonché. Au loin de tous côtes, les « cloches de Notre-Dame, de St Maclou, « de St Georges, de St Pierre et des « couvents lançaient dans l'air les notes « claires de leurs joyeux carillons. Tout « près, sur la côte St Bonaventure, l'ar- « tillerie de la ville tonnait et faisait « grand bruit « à grande joie de tout le « peuple » Le défile suivit la rue Porte « aux Saints, la grande rue (rue) Thiers « et se rendit au château que la reine de- « vait habiter pendant son séjour. » (1)

Les craintes qu'inspirait au roi son redoutable rival, Charles-Quint, se manifestèrent à Mantes, comme dans le reste

(1) *Chronique.*

du royaume, par les ordres donnés de travailler activement aux fortifications, et de se mettre promptement en état de défense. Chacun fit vaillamment son devoir, et sut répondre à la confiance que le prince attendait de « ses chers et bien aimez mannans et habitans de Mantes ».

La pente que suivait la royauté vers l'absolutisme ne l'empêcha pas, tout en reconnaissant les bons offices de « ses bien aimez » d'appliquer ici, comme partout, des restrictions considérables aux antiques immunités municipales. Le mode d'élection du maire et des échevins, la durée de leurs pouvoirs, la Prévôté enlevée au maire pour passer dans les mains d'un officier spécial, telles furent les premières et importantes modifications apportées à l'ancien état des choses. Peu à peu toutes les immunités et franchises communales disparaîtront, jusqu'au jour, où la Revolution effacera (peut-être pour un temps seulement,) sous le niveau dit égalitaire, tout ce passé si noble et si varié, qu'il eut été bien facile, moyennant quelques sages reformes, de faire progresser au lieu de le détruire.

Elle ne fut pas d'ailleurs la seule coupable et nous n'avons ni le temps, ni le désir de rechercher ici la part qui revient aux siècles précédents dans cette effondrement de tout un ordre de choses, unique dans l'histoire.

Avant de montrer le dernier et plus brillant éclat donné à notre ville par le bon roi Henri IV, nous ne pouvons passer sous silence la fidélité qu'elle garda courageusement à la religion de ses pères. Nous sommes en effet aux tristes jours de la 1ère ligue : le pays est sur le point de disparaître dans ces convulsions religieuses bien autrement terribles que celles de la politique. Les Huguenots ont juré, pour la deuxième fois, dans leur assemblee de Milhaud, de ne reconnaître comme forme de gouvernement, que celle dont les faveurs et la protection seraient acquises à leur religion. A cette Ligue d'un parti s'opposa la Ligue patriotique et religieuse de toute la nation. Chrétienne dans sa naissance et sa vie jusqu'alors, la France se jura à elle-même de n'acclamer sur le trône qu'un roi chretien. Les Etats-Généraux, deux fois réunis à Blois, le trop changeant Henri III, qui plusieurs fois oublia ses serments, la Sorbonne, le Pape, tout enfin donnait raison à cette magnifique protestation de la foi et du sentiment national.

Notre ville ne faillit point à son renom de fidélité et de piété. Tandis que la rive droite de la Seine, dans le Vexin, se laissait envahir par la Religion dite Réformée, Mantes ne comptait pas une seule famille protestante.

Suivant docilement les conseils de ses maitres dans la foi (1), elle accueillit Henri IV, non converti, et demeura, dans ces jours néfastes de guerre et de pillage, le seul boulevard sur lequel le roi pouvait compter en nos régions. On peut même la considérer comme la capitale du royaume « Le roi s'en retour- « na à Mantes qui était alors son Paris. » dit joyeusement Sully. Et pendant trois années, qu'il fallut à Henri pour conquérir sa couronne, ce fut en cette ville que se traitèrent toutes les affaires du royaume, les pourparlers avec les protestants, les

(1) « Messire Jean Deschamps, curé et chanoine « de Notre-Dame, exhorta et invita si fort le « peuple de se rendre au roi, leur remontrant la « bonté et la miséricorde de laquelle il était rem- « pli, que tous unanimement consentirent la re- « duction de la ville, ce qui fut exécuté le len- « demain » — « *Chroniq.* »

relations avec Rome, sa conversion, où nous aimons à voir plutôt la conviction d'un esprit droit et sincère que le calcul de l'ambition et de la politique ; tout en un mot se décide dans nos murs, sauf la justice, car le parlement royal était à Tours.

Les victoires d'Arques (1589) et d'Ivry (1590) avaient fait presager le succès final de cette lutte, où la valeur chevaleresque du Béarnais se signalait non moins que son coup-d'œil de grand capitaine. Aux efforts contre notre ville, tentés par les Ligueurs, dont quelques chefs, par esprit de parti ou d'ambition, avaient dévié du noble but pour lequel ils s'étaient réunis, Sully, le gouverneur, frère du célèbre ministre, repondait par une vigilance et un courage toujours heureux.

Le roi guerroyait sans cesse, revenant parfois se reposer ici de ses fatigues et de ses succès. « Je vais à Mantes jouer à la paume », s'écriait-il de loin au fidèle Sully, après avoir lancé son cheval au galop. Chacun sait que ses goûts et son tempérament ne se pouvaient contenter de ces innocents divertissements. Gabrielle d'Estrée, la belle Gabrielle, dont Voltaire nous dit que

. . . . La main de la nature
De ses aimables dons la combla sans mesure.

l'attirait sans doute plus fortement. Mais il savait aux temps opportuns, sacrifier le plaisir au devoir et répéter avec la chanson

Charmante Gabrielle,
Je vous fais mes adieux ;
La gloire qui m'appelle
M'eloigne de vos yeux (1)

Notre rôle n'est point de faire la chronique scandaleuse de ce règne, pas plus que des autres. Assez de plumes se sont trempées dans cette fange ; que ceux dont l'odorat n'a plus rien a craindre s'y plongent à leur aise; nous ne les suivrons pas. Il nous était difficile, on le comprend, de ne pas noter au moins le sejour de cette trop célèbre femme, dont le souvenir est encore rappele par une maison dite de la Belle Gabrielle, située dans la rue Nationale et rue Thiers : c'est ce qu'aurait épargné, de son hôtel, le percement de la rue royale en 1765.

Un sujet plus important nous réclame. Au milieu de ses triomphes guerriers, le roi se voyait toujours traité par la nation

(1) Cassan.

comme un hérétique et pis qu'un étranger. Ce cœur si bon et si loyal sentait bien que, tant qu'il n'aurait pas le cœur de ses sujets, rien ne serait fait : il fallait pour cela se convertir. Plusieurs fois le Pape avait envoyé en France ses legats, pour mener à bien cette délicate entreprise. Les soucis du gouvernement, les nécessités de la guerre et aussi l'hésitation bien naturelle devant un tel parti, retardaient sans cesse l'exécution du projet. Les ministres protestants voyant le roi perplexe essayaient de raviver sa foi, pour ne pas perdre un si grand soutien. L'un d'eux, Gabriel d'Amours « le menaça fort, un « jour, du jugement de Dieu, parla à lui « sur ce sujet d'une grande véhémence, « et hardiesse ; si que, messieurs le car- « dinal de Bourbon et d'O, l'un après l'au- « tre estant venus trouver le roi, le « prièrent d'en faire justice et de ne le pas « endurer. Mais sa Majesté baissant la « tête sans leur répondre autre chose leur « dit à tous deux : « Que voulez-vous, il « m'a dit mes verités. » (1)

Le moment arrivait cependant : il cher-

(1) Lestoile.

cha la lumière qu'il avait toujours désirée, sans avoir pu la recevoir encore, et tandis que des conférences étaient ouvertes, à Suresnes, entre les évêques et les plus fameux docteurs protestants, il demande à se faire instruire. Le celèbre Jacques Davy Duperron, depuis cardinal, entama l'instruction du prince, d'abord par de simples conversations, puis par des conferences réglées auxquelles prirent part les prélats et les hommes réputes les plus habiles de l'autre parti. Le monarque y mettait cette bonne foi et cette loyauté qui furent l'un des traits les plus marqués de son grand caractère.

Duperron ayant fait avouer à ses adversaires que l'on pouvait se sauver dans l'Eglise romaine, « Quoi ! interrompt « Henri, vous tombez d'accord que l'on « peut faire son salut dans la religion des « catholiques, et ceux-ci au contraire « soutiennent que l on se damnera infail- « liblement dans la vôtre ! Certes il vaut « bien ici la peine de prendre le parti le « plus sûr, et la prudence ne permet « pas de balancer un seul instant. »

Dès lors, la conversion du roi fut résolue. Le 25 juillet 1593. Henri IV fit son abjuration dans la grande église de Saint-

Denis. Une foule immense assistait à cette cérémonie, et tous bénissaient ce changement qui ne laissait plus de barrière entre le peuple et son roi (1).

L'œuvre de pacification marchait de pair avec les entreprises guerrières ; il fallait vaincre par la force ceux que ne gagnait pas la raison. Dans les premiers jours de l'année 1592, Rouen était tombé aux mains du roi : le 27 février 1594, eut lieu la solennité du sacre dans la basilique de Chartres, et peu de jours après, le 22 Mars, Henri IV entrait à Paris, plutôt en père qu'en vainqueur.

Dans un des voyages qu'il fit encore à Mantes, où il avait tenté l'établissement de manufactures de soies et de toiles, le roi se promenait un jour, avec la reine, dans les jardins du château Lui prenant la main, il lui dit : « Madame, si vous sa-
« viez combien cette ville m'est chère !
« Mantes a été autrefois mon Paris, ce
« château mon Louvre et ce jardin mes
« Tuileries, où je pris de fort bonnes re-
« solutions. »

C'était les adieux à cette ville qui l'a-

(1) Darras.

vait accueilli dans son isolement, aux jours mauvais, d'où il était parti à la conquête de son royaume et de sa foi, qu'il aimait revoir pour se reposer du bruit de la capitale et du faste des grandeurs. Mantes a le droit de s'en souvenir avec orgueil.

La mort de Henri IV, désolation pour tout le royaume, jeta notre ville dans une douleur extrême. Chacun semblait en le pleurant porter le deuil du passé glorieux de la cité. Sans doute il lui restera quelqu'interêt et quelque éclat. « mais n'es-« pérons plus retrouver la glorieuse com-« mune des XIIe et XIIIe siècles, la bien-« aimee de Philippe-Auguste, la cité puis-« sante dont le seul regard fit reculer Henri « et Richard Cœur-de-Lion (comme le dit « poetiquement son historien et presque « son enfant, Guillaume le Breton) la cité « séjour et asile des rois, amie des lettres, « digne d'entendre sur la lyre de Thibault, « les premiers chants harmonieux de la « muse française, et ajoutant chaque jour « quelque nouveau titre à ses vieux titres « de gloire. » (1)

(1) Cassan.

En l'année 1615, à la prière des Parisiens, la reine régente, Marie de Médicis, fit détruire la citadelle, dont les pierres servirent à la construction de l'Eglise et du Couvent des capucins, qu'elle venait de fonder à Limay

Lors du voyage que Louis XIII entreprit en 1617, pour se rendre à l'assemblée des notables, convoquée à Rouen, le roi s'arrêta dans notre ville. Il voulut bien adresser de bonnes paroles au maire et aux échevins qui lui présentaient, sur un plat d'argent, les clefs de la cite avec le cœur et les services des habitants. « Paroles flatteuses, peut-être, mais sans « aucune efficacité. Mantes ne devait plus « retrouver son ancienne splendeur, et « son château avait cessé d'être une rési- « dence royale. » (1)

L'année 1641 fut marquée par une assemblée générale du clergé. Elle se tint probablement dans les salles de l'Auditoire, et avait pour objet de prélever, sur les biens ecclesiastiques, des subsides extraordinaires reclamés par le tout-puissant Richelieu. 80 millions étaient primitivement demandes. Devant l'opposition

(1) Moutié.

qu'il rencontra, le cardinal réduisit ce chiffre à 6.600.000 francs. L'assemblée des prélats, mécontente des procédés autoritaires du maître, et prevoyant la ruine que devaient amener ces demandes sans cesse renaissantes (1), après plusieurs séances orageuses, accorda 5.500.000 francs « pour faire paraître l'inclination « qu'ils ont au service de sa majesté ». (2) C'est ainsi que le clerge, sans être taxé par aucune autre loi que par son patriotisme, savait payer l'impôt autrement que par ses prières, et venir en aide au pays dans le besoin.

Deux ans après la mort de Louis XIII, Anne d'Autriche vint passer quelques jours ici, avec Louis XIV enfant, le duc d'Anjou et le cardinal Mazarin. Le roi descendit dans une maison de la rue aux

(1) Les dettes generales contractees par le clerge, dans l'interet du royaume, independamment de celles particulieres a chaque diocese, representaient en 1783 un capital de 132.801 704 livres

(2) De 1700 à 1765, les contributions volontaires du clerge payees au Roi atteignent la somme de 350.511 040 livres Cf Proces-verbal de l'assemblee generale du clerge de France, tenue a Paris au couvent des Grands-Augustins, en l'année de 1775, Paris 1777, in-folio. p. 69.

Pois, n° 162 (aujourd'hui n° 1 rue Baudin); le cardinal logea au château.

Pendant les troubles de la Fronde, Mantes faillit un instant à sa réputation sans tache de fidélité au Souverain. Malgré l'opposition d'Etienne Bouret, premier échevin, et du lieutenant-général Apoil, le gouverneur Sully (depuis la mort du premier Sully, le titre et la charge de gouverneur passèrent pour y demeurer, dans la postérité de ce grand homme) et le maire, Fournier, ouvrirent les portes à l'armée des princes. Les deux coupables furent destitués de leurs charges, et le fidèle Etienne Bouret reçut des titres de noblesse.

On voulut, ce semble, faire oublier ce moment de faiblesse par le zèle extraordinaire qui fut déployé, au siècle suivant, pour recevoir Louis XVI, lors du voyage de Cherbourg, 26 Juin 1786. Tel est le fait dernier, de quelque importance, dont les annales mantaises nous ont gardé la mémoire.

L'histoire de la ville, pendant la Révolution, n'offre pas heureusement le tableau des scènes sanglantes qui se déroulèrent dans un si grand nombre d'autres villes, et même à ses portes.

Toutefois si le sang ne coula pas sur nos places publiques, la haine religieuse et la furieuse folie dont les maîtres du jour étaient partout possédés, suivirent leur lamentable cours « Comme partout « la lutte des partis y a été vive ... comme « partout on y a exécuté les décrets de « la Convention, on y a dressé les listes « d'émigrés, brûlé des confessionnaux, « des tapisseries, des sculptures armoriées, « des titres de noblesse, chanté des hymnes « à la Raison. » Il est vrai, ajoute *La Chro-* « *nique*, que d'un autre côté on s'y est « beaucoup enrôlé pour aller défendre la « patrie, et on y a supporté, sans avoir « recours à la violence, la misère profonde « qui venait ajouter ses horreurs aux dis- « cordes civiles. »

Nous arrêterons ici l'histoire de notre cité D'ailleurs l'intérêt d'un récit contemporain le céderait trop à celui des temps passés. Après la disparition de l'ancien état de choses et l'absorption complète, par la capitale, de tous les intérêts vitaux du pays, il semble que l'histoire nationale se résume dans celle de Paris Désormais plus de récits locaux, plus d'annales particulières, plus de héros modestes, heureux de ne briller que dans l'humble ville où ils ont reçu le jour. Paris, Paris seul attire et fascine. La concentration outrée des pouvoirs et de toute administration dans la capitale, et, conséquence naturelle, l'engouement d'aller sur ce grand théâtre chercher la consécration d'un talent, qui ne saura plus, après l'apothéose, se résigner à une plus modeste scène, privèrent nos provinces d'une renommée autrefois si féconde pour elles-mêmes et pour la nation. Nous ne parlons pas de cette foule d'intelligences qui se fussent distinguées dans un milieu à leur portée, au lieu de s'étioler misérablement dans une atmosphère trop chargée pour elles. Toute récrimination serait vaine; un avenir peut-être prochain pourra revenir sur une mesure trop extrême pour être sage

Saluons, en terminant, ces villes des siècles passés, et plus particulièrement la nôtre, où religion, patriotisme, lettres, arts, sciences, poésie, génie commercial et guerrier, toute gloire, en un mot, savait trouver, dans le même temps, un plein épanouissement ; saluons ces villes, foyers lumineux de science, de courage et de vertu, qui couvraient le sol entier de la patrie d'une immense et resplendissante aureole dont l'éclat disait au monde le nom et la gloire de notre France aimée.

Nous ne pouvons mieux terminer qu'en rappelant ici les illustrations que Mantes a le droit de regarder comme siennes, et dont le souvenir dira aux generations futures la gloire qu'elle a tiree de leur nom ou de leurs œuvres.

Nous avons déjà cite Guillaume le Conquerant, Philippe-Auguste et son apologiste Guillaume le Breton ; Blanche de Castille et St Louis, Henri IV et Sully. Une tradition, que nous voulons croire bien assise, accorde à notre ville l'honneur d'avoir posséde quelque temps St Bonaventure et St Thomas d'Aquin.

Rappelons encore Marie de Brabant qui y passa ses derniers jours ; les princes d'Evreux, dont c'était la demeure habituelle ; Jean de Rotrou, le grand poete tragique ; né à Dreux il se maria à Mantes, le 9 Juillet 1640, avec la fille d'un bourgeois de la ville.

D'autres plus inconnus encore, quoique nés chez nous, ont jeté assez d'eclat pour mériter de paraître au grand jour. En voici les noms, tels que la « *Chronique* » nous les donne. Nous y ajoutons les traits principaux qui nous ont paru les plus propres à les faire suffisamment connaître (1).

Pierre Brébiette, peintre du roi, plus remarqué par ses estampes que par ses tableaux. Ses nombreuses gravures à l'eau forte, exécutées avec beaucoup d'intelligence, sont fort estimées des amateurs. (1598 ou 1609).

Pierre Daret (1610) autre graveur, célèbre par une collection presque complète des portraits des personnages illustres du 16e et du 17e siècle ; il serait né à Pontoise, selon les uns, à Mantes disent plusieurs.

Nicolas Bernier (1665) musicien, était fils d'un employé de l'église St-Maclou. Comme bien d'autres compositeurs illustres il reçut les premières leçons de son art à la maîtrise dont il faisait partie. Il fut successivement maître de musique de St-Germain-l'Auxerrois, de la Ste Chapelle, enfin de la chapelle du roi. Très enthousiaste de l'école italienne, qui

(1) Biographie de Michaud.

d'ailleurs l'avait formé, il se plaisait à répéter aux jeunes débutants. « Allez en Italie, là seulement vous pourrez apprendre votre métier. »

Il passait pour le plus habile compositeur de son temps, au dire de Fétis, qui lui reproche cependant son style froid et lourd, et sa manière incorrecte, comme celle de tous les musiciens français de cette époque.

Robert Pitrou (1684) ingénieur et architecte, fils d'un maître maçon de Mantes, s'adonna, sans maître, à l'etude des mathématiques, de la géométrie, de la mécanique et de l'architecture. Il fit des progrès remarquables qu'il alla perfectionner, en s'exerçant, à Paris. On lui doit l'invention d'un cintrage des arches de grande ouverture dont les ingénieurs se sont toujours servi depuis. Perronnet en fit une application, devenue classique, dans la construction des ponts de Mantes et de Neuilly. Il fit supprimer encore les crèches, espèces d'empattement que l'on ajoutait à la base des piles, pour les préserver des infiltrations. Elles nuisaient à la solidité des piliers et devenaient, aux basses eaux, un obstacle à la navigation.

Il mérita d'être appelé par l'ambassadeur anglais à Paris pour construire un pont sur la Tamise. Ses nombreux travaux l'obligèrent à décliner cette honorable commande. Enfin il ne craignit pas de concourir contre le célèbre Gabriel pour élever un monument à la gloire de Louis XV. Le projet de son puissant adversaire l'emporta.

Il existe encore à Mantes une famille Pitrou, dans laquelle le métier de macon est toujours en honneur.

René Boudier de la Jousselinière, né à Alençon, mort à Mantes en 1723, fut dans sa jeunesse un prodige. A 15 ans il savait le latin, le grec, l'espagnol, l'italien, et s'exerçait déjà dans la poésie ; il dessinait, jouait du luth et peignait passablement. L'age mûr ne répondit pas à de si merveilleux commencements Toutefois le «*Mercure de France*» et le «*Parnasse Français*,» auxquels il avait collaboré, célèbrent son mérite littéraire et disent de lui « qu'il était consulté de tous côtes surtout pour ce qui regarde l'intelligence des médailles et des autres monuments antiques. »

François Quesnay, médecin, chirurgien, économiste, naquit près de Monfort-l'Amaury, le 4 Juin 1694. Laissant les travaux de la ferme, auxquels on le destinait, il apprit, presque seul, le grec et le latin. Paris l'attirait : il s'y rendit pour étudier la medecine et la chirurgie. Après avoir, de plus, suivi les cours d'anatomie de botanique, étudié la métaphysique, la philosophie et les mathématiques, il se fit recevoir maître en chirurgie et vint s'établir à Mantes. Sa réputation lui mérita les plus illustres clients de la contrée. Il devint médecin ordinaire de Louis XV qui lui accorda des lettres de noblesse pour le récompenser de ses services.

La fameuse école des Economistes, très heureuse de placer à sa tête un nom justement célèbre, le proclama avec orgueil son chef et son maître. Quesnay répondit un jour à cette pretention par la piquante boutade que voici. La conversation tomba en sa présence sur les grands problèmes économiques ; chacun etait bien aise d'avoir en cette matière l'opinion du Maitre « Mais, dit-il ingénieusement en dessinant un bon sourire, je ne sais pas même ce que l'on entend par la science économique. »

Il mourut en 1774. « Il avait senti, dit un de ses biographes, que la liberté de penser a des bornes. Jamais il n'oublia le respect que l'on doit au gouvernement et à la religion, dont il avait fait une étude suivie. » Aussi vit-il approcher la fin de sa carrière avec calme et résignation. « Console-toi, disait-il à son domestique qui pleurait près de son lit, console-toi, je n'étais pas né pour ne pas mourir. » Ses derniers instants furent consolés par les secours de la religion, qu'il n'avait d'ailleurs jamais abandonnée pendant sa longue existence.

Pierre Patte (1723) architecte, surtout connu pour ses ouvrages de critique, est mort à Mantes en 1814.

Mantes ne nous pardonnerait pas d'oublier ici une gloire militaire du plus pur éclat, dont elle a le droit de s'enorgueillir. Pourquoi faut-il que la mort soit si tôt venue ravir à sa famille et au pays celui qui en faisait l'honneur et la joie ! Nous avons nommé le Commandant Rivière. Bien qu'il ne tienne à notre ville que par les membres de sa famille, dont Mantes est le séjour, les apparitions qu'il y faisait, les honneurs dûs à son héroïque trépas, ont justement porté la municipalité à le revendiquer comme nôtre et à inscrire son nom glorieux sur les murs de la cité.

L'ITINÉRAIRE

LE TRIBUNAL. — LA FONTAINE. — LA CATHEDRALE.

De quelque côté que l'on arrive à Mantes, le regard est attiré par la gracieuse silhouette de sa cathédrale. Nous savons donc où diriger nos pas, afin de voir le monument principal de la cité. Le temps qui lui sera consacré ne laissera, cher touriste, que de doux souvenirs, où ne saurait trouver place le plus léger regret.

En quittant la gare de Mantes Embranchement, l'omnibus vous conduira directement sur la place de l'hôtel-de-ville. Si vous préférez faire à pied ce trajet de 15 minutes, nous suivrons ensemble (car je commence, avec grand plaisir, mon role de cicerone) la rue de la gare : à l'extrémite, au dessus des maisons, apparaissent les tours de l'église. Après avoir jeté un coup d'œil sur le gracieux hôtel de la Sous-Préfecture, au N° 11 de l'Avenue de la République, (ancienne rue St-Pierre) nous continuons jusqu'à la place du même nom, au milieu de laquelle se dresse une fontaine. La Rue Nationale (Royale) s'ouvre devant nous avec une échappée sur les côteaux de Limay, au-delà de la Seine. Il la faut suivre jusqu'après la quatrième rue à droite pour arriver sur la « Place de l'Hôtel-de-Ville ». Deux monuments appellent aussitôt l'attention ; à droite l'ancien Auditoire, aujourd'hui le Tribunal, et au milieu de la place une ravissante fontaine.

Au témoignage de nos vieux annalistes, l'Auditoire aurait été commencé vers 1410, sous le règne de Charles VI. Il est difficile de savoir l'époque certaine de l'élevation du monument, par les armes de France et de Milan et le porc-épic que l'on y voit encore. Ils conviennent aussi bien à Louis d'Orleans, régent du royaume, pendant la démence de son frère Charles, qu'au roi Louis XII. Les seuls écussons, aux armes de France et de Bretagne, autrefois placés au-dessus des hautes fenêtres à meneaux, appartenaient au règne de Louis XII, ce roi ayant épousé Anne de Bretagne, veuve de Charles VIII.

Quoi qu'il en soit, l'amateur doit s'arrêter devant cette sévère façade, à la porte d'entrée surmontée de sculptures rongées par le temps, aux grandes fenêtres carrées avec croisées de pierre. Une petite niche vide, aux sommet de l'accolade, contenait jadis la statue de St Yves, patron des avocats et des hommes de loi. On lisait tout autour la légende suivante que nous n'adressons à nos honorables magistrats qu'a titre d'aimable saillie d'antan.

Sanctus Yvo erat Brito,
Advocatus sed non latro ;
O res miranda populo !

Saint Yves était Breton,
Avocat, point fripon ;
Quel miracle ! dit-on

Un bel escalier en pierre conduit au premier étage. Il faut s'adresser au concierge, dans ce même escalier, pour visiter les curieux sous-sols qui servaient de prison Ce n'etait pas encore le confortable et le luxe dont jouissent nos coquins d'aujourd'hui. Sur les murs, des dessins naifs, des sentences tirees de la Bible montrent par quels innocents passetemps les malheureux essayaient parfois d'égayer leur sombre solitude.

LA FONTAINE

La Fontaine (1), construite vers 1520, par Nicolas Delabrosse, artiste mantais dont la ville a le droit d'être fière, est une œuvre remarquable de la Renaissance ; certains détails semblent avoir été inspirés des motifs du château de Gaillon, qui lui est antérieur de dix ans environ.

Du travail primitif, il reste les piliers et les deux vasques ; le bassin inférieur, d'une époque plus récente, alourdit et dépare cette œuvre ravissante. L'ensemble du monument charme tout d'abord par son élégance, l'heureuse harmonie des proportions et la pureté des lignes. Approchons, et si nous regrettons que le temps ait trop attaqué les délicates sculptures, il nous reste encore assez à étudier et à admirer. Un fort joli dessin que M. Saintier, architecte mantais, a fait pour « *La Chronique* » (2) permettra d'arracher au temps destructeur ce morceau de premier

(1) Les auteurs de la Chronique, que nous suivrons ici de plus près, ont fait paraître il y a plusieurs années dans un des journaux de Mantes une étude très intéressante et fort complète de cette fontaine : Plus heureux que nous, ils voyaient encore les beautés décrites dont une partie, hélas, a disparu, rongée par le temps.

(2) Nous le lui empruntons.

ordre sur lequel il a déjà trop exercé son œuvre.

Le pilier supportant la grande vasque est octogone. A la base de chaque face on voyait 4 dauphins, au dessus desquels l'artiste a sculpté, comme à plaisir, avec une habileté consommée, de charmantes arabesques, des vases de formes variées, des feuilles aux contours gracieux. des animaux fantastiques, des armes et des oiseaux. Un chapiteau de feuilles d'acanthe très finement tracees couronne ce pilier. Il supporte la grande vasque dont le dessous est richement couvert, sur toute sa surface, d'une suite de feuilles, de raies de cœur, d'entrelacs profondément fouillés. La frise est partagée en quatre par des mascarons, figures d'hommes, qui laissaient tomber l'eau dans le bassin. De charmantes sirènes, dont le corps svelte se termine en feuillage ondulé, portent l'écusson aux armes de la ville, qui sont parti d'azur et d'or, sur l'azur une demi fleur de lis d'or, et sur l'or un chêne arraché, de sinople, à trois glands d'or. Cette frise perd malheureusement de son galbe élégant par la substitution grossière qui a été faite à sa cimaise primitive, de cet affreux et lourd bandeau retenu au moyen de ferrures.

Mais où la perfection est bien près de briller, c'est dans la partie supérieure que nous touchons. L'ensemble est de toute beauté. Le balustre sur lequel repose la seconde vasque produit le plus gracieux effet avec ses moulures profondes, ses petites figures ailées, ses oiseaux, ses dauphins et l'ensemble de son profil heureusement tourmenté. On y remarque, sur les quatres faces inférieures, une couronne aux fleurs de lis surmontant une salamandre qui indique le règne de François Ier C'est ici que les maîtres de Gaillon paraissent avoir été suivis de plus près. La gorge au-dessous de la vasque est creusée de canaux, tandis que la frise, du goût le plus pur, disparaît sous les fines arabesques, où se retrouvent les armes de Mantes accompagnées de coquilles Quatre têtes de chiens jetaient l'eau dans la vasque inférieure. La « *Chronique* » prétend, avec sagacité, que ces têtes de chiens auraient été choisies à dessein par l'artiste mantais, pour rappeler la devise parlante de la corporation de l'Arquebuse. Comme Meaux avait les chats, Etampes les écrevisses,

Limay les loups, Mantes avait les chiens. Henri IV le rappela, très à propos, aux bourgeois venus à Rosny, lui apporter les clefs de la cité, après la bataille d'Ivry : « Messieurs, je n'étais pas inquiet de « vous, bons chiens reviennent toujours « à leur maître. »

Le champignon qui domine le tout ne le cède en rien à l'ensemble de cette partie, supérieure par l'élégance et le goût de son profil, non moins que par la parfaite dextérité de main.

En présence des restes de ce chef-d'œuvre « conçu et sculpté sur les plans et les dessins d'un maître des œuvres de la ville et payé par elle » (1) nous ne pouvons assez regretter l'abandon dans lequel on l'a laissé. La fontaine de Mantes, l'une des sept classées dans les richesses artistiques de notre pays, méritait mieux que cet oubli. (2)

Jetons sur elle un dernier regard ; sans

(1) *Chronique.*

(2) Nous nous sommes inspiré, pour notre couverture, d'un des gracieux écussons à l'italienne, dont les armoiries sont, nous ne savons pourquoi, transposées, la fleur de lis occupant la droite de l'écu et le chêne, la gauche.

nous attarder devant l'Hotel-de-Ville construit en 1645, sur l'emplacement de l'ancien, nous prenons à notre gauche la rue de la Mercerie, traversons la rue Thiers, et dès l'entree de la rue de la Chausseterie, nous apercevons le Parvis et l'Eglise Notre-Dame C'est au milieu de cette rue que Guillaume le Conquérant se serait fait la blessure dont il mourut.

Mais j'ai hâte de vous montrer la merveille de la cité. A la vue de ce bel ensemble, l'âme est saisie en même temps que le regard charmé. La majestueuse façade avec ses tours elegantes, quoique puissamment empâtées, sa colonnade à jour qui la couronne à l'instar d'un royal diadème, les festons delicats de ses balustrades, la rosace du centre accompagnée de deux larges baies aux ogives fuyantes, l'élégante rangee de fenêtres accouplees du premier étage, enfin les trois portails avec leurs archivoltes profondes, peuplées de ravissantes statuettes, et leurs tympans, où le ciseau de l'artiste a fait aussi parler la pierre, cette suite d'arcs-boutants et de contreforts surmontés de fleurons, et qui semblent garder le monument contre les attaques du temps et des hommes, tout en un mot jette le spectateur dans un ravissement auquel il est difficile de s'arracher.

Un nombre infini de constructions l'emportent assurément sur celle-ci par le grandiose du plan, la hardiesse de l'élévation et la richesse des sculptures. Trouver une eglise où le gracieux et le puissant, la beauté de l'ensemble et la sobre ornementation s'harmonisent avec plus de bonheur, serait œuvre malaisée. Essayons, par l'étude détaillée, de raisonner notre admiration ; elle ne perdra rien, à ce travail, de son ardeur.

On se souvient que l'eglise ancienne avait été détruite entièrement lors de la prise de Mantes par le roi d'Angleterre. Pressé par les remords, et désireux de réparer le scandale de cette vengeance impie et sauvage, le moribond laissa des sommes considerables pour la reconstruction d'une nouvelle eglise. Le clergé et le peuple, après avoir relevé la ville du milieu des décombres, s'occupèrent sans plus tarder des travaux d'une nouvelle basilique. C'est l'œuvre que nous admirons. L'examen du monument, le rapprochement que l'on peut faire de ses parties avec d'autres de date certaine, l'autorité des maîtres en la matière, Viollet-le-Duc,

Didron, etc., amènent à cette conclusion que l'œuvre est, toute d'un jet, de la 2e moitié du XIIe siècle.

Pour s'en convaincre, il suffit, après avoir considéré le magnifique portail du milieu, la plus petite, mais non moins curieuse, porte du Nord, où l'on est pour ainsi dire forcé de reconnaître le XIIe siècle, dans les arcatures du soubassement, et les robustes et élégants rinceaux des pieds-droits, il suffit, dis-je, de faire le tour du monument, en commençant par le côté nord, où mène l'escalier que nous touchons. Les dents de scie qui forment la grande corniche du soubassement au niveau des premières marches, celles dont les fenêtres primitives, sans meneaux, sont entourées et que l'on voit encore dans les archivoltes des oculi, enfin la corniche sous le chéneau du grand comble, avec ses trois rangs de damiers et ses énormes modillons, disent assez l'époque que nous assignons.

De l'autre côté de la place du Château et près de la *Ruelle aux Prêtres*, on jouit sur le chevet d'un ensemble parfait : les galbes gracieux des chapelles les balustrades à jour couronnant ce premier étage, les oculi du triforium, les arcs-boutants de l'abside et du côté, les hautes fenêtres sous le comble, enfin les baies élancées des tours, tout fait songer à la majestueuse metropole de Paris, (1160) dont notre collégiale plus ancienne de quelques années, et peut-être des mêmes maîtres, (1) est la réduction la plus complète et la plus gracieuse.

Revenons par le côté du midi devant la façade.

Si de loin tout plaît ici, de près un sentiment de tristesse profonde naît vite au cœur, à la vue des sauvages dégradations que les hommes, plus encore que le temps, ont opérées. Les statues arrachées de leurs niches par ordre d'un maire de Mantes, les tympans odieusement labourés, les voussures dégarnies de leurs gracieuses statuettes, montrent de quelle haine contre tout ce qui touche à Dieu, étaient animés les énergumènes de 93 Nous pouvons heureusement contempler encore les magnifiques rinceaux des pieds-droits de la porte centrale ; leur feuillage puissant et délicat à la fois, sur les branches duquel reposent des oiseaux et apparaissent des figures, s'échappent d'un vase

(1) Viollet-le-Duc.

Chapelle de Navarre (restauration), Viollet-le-Duc.

et de la gueule d'un chien, pour monter en elégantes spirales jusqu'au linteau. (1) Le soubassement est couvert de sculptures délicatement traitées ; les chapitaux offrent une flore très riche et très vigoureuse.

Il me plaît de reproduire ici la description qu'a fait donner de cette porte centrale feu M. Durand, l'habile et intelligent architecte à qui la ville de Mantes doit une si grande reconnaissance. Non content d'avoir consacre le meilleur de sa vie et de son talent à rendre sa cathedrale belle comme aux premiers jours, cet enfant de Mantes a voulu, par ses largesses posthumes, continuer l'œuvre d'embellissement qui lui tenait tant au cœur.

« Cette porte centrale, dit le savant « ami à qui M. Durand avait demandé ce « travail, était séparée en deux baies « par un trumeau qui portait une statue « de la Vierge. »

Les statues, autrefois adossees aux colonnes, furent enlevees au ciseau ; ainsi que celles du portail nord, sur l'ordre du maire, au commencement de ce siècle (1)

(1) Le gouvernement vient de les faire mouler pour le musee du Trocadéro.

« Au tympan, les Apôtres réunis « pour les funérailles de la Mère de « Dieu, déposent dans le tombeau ce « corps virginal, sanctifié par la présence « du Sauveur.

Dans cette première zône, à droite, les Anges viennent enlever pour le ciel le corps de leur reine. L'un d'eux presente à Jesus, reconnaissable au nimbe qui entoure sa tête, l'âme de Marie, sous forme de petit enfant, qu'il tient avec respect sur ses mains recouvertes d'un linge, un autre encense la depouille sacree

« Enfin au milieu de la cour des « Anges qui portent des flambeaux et « brûlent de l'encens, le Christ pose « au front de Marie la couronne de la « Reine du ciel. Dans les voussures, un « quadruple rang de 42 figures, encadrées « de rinceaux, représentent David et les « rois de Juda (ancêtres de la Vierge); plus « haut la mystique colombe aux ailes « etendues (figure du Saint-Esprit) le Père « Eternel, dont la tête s'appuie sur un « nimbe crucifère ; puis, pour compléter, « les symboles de la Trinité, la croix du « Verbe Rédempteur, soutenue respec- « tueusement par des Anges. » (1)

(1) Extrait de Moutié.

La petite porte du Nord reproduit dans son soubassement, ses chapiteaux et pieds-droits, les mêmes dessins, moins soignés toutefois qu'au grand portail. De la raideur des figures, du costume des soldats, que l'on croirait copiés sur ceux de la fameuse tapisserie de Bayeux, la « *Chronique* » arrive à cette conclusion que ce tympan viendrait peut-être de l'église détruite par Guillaume le Conquérant, et aurait eté mise ici par application.

Nous ne contredirons pas cette opinion quoique pour cette baie comme pour tout le portail central nous préférions les faire contemporains de la construction du monument. En effet, au témoignage de Viollet-le-Duc, la rose centrale est de 1170 en donnant à l'élévation de l'œuvre jusqu'a ce point trente et quelques années, nous arrivons vers 1130 époque suffisante, à notre avis, pour expliquer la manière encore romane de l'ornementation et la raideur de la statuaire. Ne voit-on pas un même travail et comme une répétition du même sujet plus soigné dans tous les détails de ces deux portes, les feuilles des extrados, les chapiteaux, les bases des colonnes, les soubassements et les rinceaux des pieds-droits ? Quant aux tympans eux-mêmes il y aurait plus d'un rapprochement à faire dans les draperies et la pose du Christ, et l'arcature de son siège et de l'escabeau sur lequel repose ses pieds.

Celui de la petite porte est-il véritablement d'une ancienne église dont l'artiste de la porte principale se serait inspiré ; tous deux datent-ils, au contraire, de la même époque, et leur différence vient-elle de l'inhabileté ou des goûts divers des imagiers qui les sculptèrent? Questions difficiles à résoudre, cette epoque de transition offrant en même temps des œuvres archaïques qui semblent vouloir continuer le passe, a côté d'autres pleines d'une verve nouvelle et d'aspiration vers l'avenir plus parfait. Il ne nous paraît pas inutile de remarquer, sinon la parfaite correspondance, du moins la très grande similitude dans les assises depuis les contreforts jusqu'au pied-droit des portes: n'est-ce pas le signe d'un travail de même date ?

Quoi qu'il en soit, le tympan de cette seconde porte représente les saintes femmes venues au tombeau pour embaumer le corps du Sauveur. Un ange assis sur la pierre leur montre le sépulcre vide, sur le bord duquel pend le suaire. Deux soldats couchés dorment profondément. Au sommet, le Christ sur un trône, appuie ses deux mains sur le globe du monde et le livre du jugement: des anges lui offrent adorations et l'encensent.

Les voussures sont occupées par huit personnages tenant des phalanctères.

A cette façade, si belle dans son unité, vint s'ajouter vers l'année 1300 une œuvre charmante: c'est la porte méridionale que l'on prétend avoir servi de modèle au portail de la Calande, à Rouen. Devant ce délicieux travail où la pierre se plie avec docilité à tous les caprices du ciseau, il est facile de lui pardonner son intrusion dans l'œuvre primitive. Dans le trumeau qui sépare en deux la baie, était autrefois une statue de la Vierge, dont les fragments, ainsi que ceux des autres statues de ce portail, représentant les échevins de Mantes avec les attributs de leurs patrons, se trouvent dans le triforium. Le tympan, divisé en trois zônes, présente de bas en haut et de gauche à droite les scènes suivantes : l'Annonciation, la Visitation, la Nativité, l'annonce aux bergers, et l'Adoration des Mages ; la résurection des morts et le jugement dernier remplissent la seconde partie : à gauche, les élus sont conduits par les anges dans les éternelles demeures tandis que les damnés se voient poussés vers l'enfer figuré par une gueule béante qu'entourent des démons. Au sommet, les bienheureux, partagés en deux groupes, debout et dans l'attitude de l'admiration regardent, vers le centre du panneau, le Christ qui les reçoit dans la gloire.

Les Apôtres occupent la première voussure de l'archivolte, ils portent leurs attributs distinctifs ; dans la seconde se tiennent des martyrs, parmi lesquels on reconnait St Denis à genoux, St Laurent, St Vincent, St Eustache tenant le taureau d'airain, instrument de son supplice, St Georges et Saint Maurice, en costumes militaires. Sur le soubassement, se dessine une tres élégante arcature, tandis que dans le haut, les vieux contreforts disparaissent derrière les pinacles et les clochetons élancés que peuplent de mignonnettes statues d'évêques, d'abbes et de moines. On voit dans les médaillons placés au dessous des pinacles, les martyres de St Pierre et de St André, de St Etienne et de Saint Laurent. Enfin, couronnant l'ogive, le globe central se dresse hardi et léger avec ses lobes aux formes multiples si habilement disposés.

Ce portail, comme toutes les parties neuves du monument, d'ailleurs, a été restauré avec un goût parfait, et plus encore peut-être avec ce respect jaloux du passé qui était la caractéristique du regretté M. Durand.

Au premier etage, s'ouvrent sept fenêtres à lancettes, dont le groupement heureux correspond aux divisions intérieures, deux geminees pour les collateraux, les trois du centre pour la nef. A l'extrados de chaque ogive court un cordon d épais boutons retombant sur une figure.

L'étage supérieur est composé d'une grande et belle rose presque contemporaine des premières de Notre-Dame de Paris, percees vers 1165 : deux profondes baies sont ouvertes dans les murs pignons. Cette rose est une des plus anciennes qui nous soient parvenues. Sa composition, très hardie pour un vide de 8 mètres de diamètre, offre encore le système de rayons étrésillonnants que le siecle suivant devait bientôt abandonner. Les colonnettes du rang exterieur sont tournées, la base vers la circonférence ; elles reçoivent des arcs qui, a leur sommet, portent le rang interieur des secondes colonnettes, dont les chapiteaux sont de même tournés vers l'œil central (1)

Une légère et ravissante galerie, composée de deux étages de fines colonnes superposées, relie les deux tours, et se deroule au sommet de cette massive façade qu'elle couronne et allège. C'est une heureuse restitution dûe à l'esprit sagace de l'habile restaurateur. La balustrade qui la surmonte déploie à son sommet les festons d'un dessin charmant.

Enfin se découpent sur le ciel les hautes baies des tours avec leurs longues et minces colonnes, les crochets des encognures, et la petite tourelle en poivrière des escaliers.

Telle est cette façade où les maîtres du passe déployèrent l'habileté consommée dont ils ont ailleurs donné tant de preuves, mais nulle part peut être plus qu'ici : avec des moyens de la plus extrême simplicité, ils surent produire une œuvre de la dernière perfection.

Entrons maintenant. Ce qui frappe tout d'abord c'est la hardiesse d'elévation et

(1) Diction. d'Arch art Rose

l'heureuse unité du plan D'un seul coup d'œil, le visiteur, placé près de la grande porte, embrasse la nef, qui d'un jet s'élève à 33 mètres; le rond-point du sanctuaire, autour duquel les lignes viennent converger laissant passer, entre les arcades, la douce lumière des chapelles absidales: les deux collatéraux, séparés de la nef par de puissantes colonnes; au-dessus, une large galerie donnant sur l'intérieur par une baie que partage une triple arcade aux fines colonnettes; de simples oculi, visibles encore au-dessus du sanctuaire, l'éclairaient primitivement dans toute sa longueur; les hautes fenêtres percées sous les arcs formerets, et qui jettent dans la nef une lumière trop abondante. Moutie raconte que les magnifiques verrières anciennes représentant les Apôtres plus grands que nature, auraient été vendues, à vil prix, à d'industrieux anglais, en 1810. Enfin, du sommet de la voûte, dans le champ de laquelle se jouent les différents arcs, descendent des faisceaux de colonnettes, qui, de deux en deux travées, courent devant les massifs piliers pour reposer sur le sol.

Et cette œuvre magnifique, d'un seul jet, est le fruit de ce XIIe siècle, riche en bien d'autres merveilles et pourtant si méprisé de beaucoup, pendant qu'un plus grand nombre l'ignorent !

Voici les dimensions intérieures. Longueur totale 59 mètres, longueur de la nef au chœur, 24 m 75 : du chœur au sanctuaire, 13 m. 25 ; du sanctuaire, 9 m. ; du rond-point à l'abside, 12 m. Largeur totale, à la hauteur de la première travée de la nef, 24 m. 68 : des murs intérieurs de la chapelle Sainte Geneviève à celle de l'Ange gardien, 31 m 30 : de la nef seule, près de la chaire 12 m. ; des collatéraux à l'abside, 5 m. 20, à la première travée, 6 m. 25 Hauteurs, sous clef de voûte à la nef, 33 m. ; aux bas-cotés, 10 m. environ ; au pavé de la première galerie, 10 m. 30 ; à la galerie de l'horloge, 19 m. 40. Le développement total des collatéraux est de 134 m 40 au centre.

Les dimensions extérieures sont en longueur, des marches de la façade au contrefort du chevet 75^{m}50 ; en largeur, à la facade 28^{m}, aux chapelles de Navarre et de Ste Geneviève 38^{m} La hauteur totale du pavé au couronnement de la tourelle est de 64^{m}.

Si nous parcourons maintenant le temple, nous verrons dans le détail les beautés que le premier architecte y a jetées avec une sobriété savante, et celles dont les siècles suivants l'ont encore enrichi. Le vaisseau principal est donc formé de cinq travées pour la nef, deux pour le chœur, et fermé par les sept, plus resserrées, du sanctuaire. Les piliers sur lesquels reposent les arcs sont alternativement composés de fûts mono-cylindriques isolés ou cantonnés d'un faisceau de colonnes. Les premiers font jaillir jusqu'à la voûte ces colonnes qui reposent sur leur large abaque. Tous les chapiteaux sont ornés de feuillages variés, toujours délicats dans les étages supérieurs et les collateraux primitifs, et parfois à peine saillants aux gros piliers. La différence sensible que l'on constate sous ce rapport dans les deux premières travées de la nef, quoique nous y voyions, sous les tours mêmes, des chapiteaux absolument semblables aux anciens du chevet, en face d'autres plus parfaits d'exécution, cette différence, disons-nous, vient-elle d'un arrêt dans la construction, ou, ce que nous croirions plus volontiers, d'un changement du maître de l'œuvre ? peu importe, quant à la conclusion par nous adoptée, à savoir, la rose étant certainement bien antérieure a l'an 1200, toute la nef, y compris ces deux travees, jusqu'à sa hauteur du moins, ne peut lui être postérieure. Il n'est peut-être pas inutile de noter la tête de roi couronné regardant le chœur, place à la clé de voûte de la deuxieme travée. (1)

Nous parlerons, comme il convient en son lieu, de ce beau mur occidental et des vitraux anciens qui garnissent la rose. Enfin on ne saurait trop admirer les immenses baies de la première travée qui, d'une envolée de 20 m., supportent les

(1) Voici, resumé, notre sentiment sur cette question et celle de la façade La construction commencee de 1130 à 1150 serait arrivee jusqu'au-dessus de la rose au temps de l'avenement de Philippe-Auguste · ce prince aurait termine l'œuvre prise a ce point, c'est-à-dire, à la base des tours, et couvert le monument. Regarde pour cette largesse, et à bon droit, comme donateur, on comprend qu'il ait desire, abbe de son vivant, reposer apres sa mort, dans l'eglise par lui, pour ainsi dire, elevee. Et son cœur ainsi que ses entrailles furent places sous le pave du sanctuaire Donc les dates extremes seraient environ 1130-1150 a 1190-1200 Il ne faut pas oublier en effet que la ville et les eglises furent detruites en 1087 On dut songer au plus presse pour sortir de ces ruines; et il ne parait pas probable que les historiens eussent gardé le silence sur la construction d'une eglise, autre que celle-ci, elevee aussitôt apres le desastre.

tours ; elles sont magnifiques de hardiesse et offrent un exemple bien rare, sinon unique, de cette disposition

Nous prenons maintenant le collatéral de droite. Les fenêtres, aux vitraux récents qui rappellent de trop loin les riches tons du passé, sont de la construction première. Remarquez l'heureux effet produit dans le lointain, et sur la gauche, au travers des arcades de la nef, par les énormes piliers et les délicates colonnes engagées, sur les tailloirs desquels viennent reposer les différents arcs des voûtes. A considérer aussi, la base des gros piliers ; d'une gorge profonde sort un tore puissant sur lequel prend naissance la griffe d'angle destinée à renforcer la saillie formée par la plinthe carrée. La première chapelle à droite autrefois de saint Nicolas, aujourd'hui de l'Ange gardien, dit assez par son arcature d'une si faible épaisseur, sa large fenêtre aux meneaux grêles déjà, que le plan primitif n'a pas été conservé. Au XIIe siècle, et d'une façon générale, point de ces larges fenêtres tenant toute la travée, point de chapelles collatérales, et bien rarement celles de toute une abside ; on ne croyait pas propres au recueillement et à la prière ces flots de lumière, qui font aujourd'hui les délices de nos chrétiens myopes ou distraits. Jusqu'en 1280, la collégiale de Mantes demeura dans sa première et grandiose sévérite; au rez-de-chaussée le bas-côté percé, même à l'abside, des fenêtres sans meneaux que nous venons de voir; au premier étage les voûtes en berceaux éclairees des seuls oculi enfin dans le haut les grandes ouvertures telles qu'elles sont encore.

Mais revenons à notre chapelle ; les vitraux sont d'un faire plus savant, d'un dessin plus pur, et l'arrangement des teintes plus heureux. Comme presque tous les suivants, ils sortent des bons ateliers de MM. Lusson et Levesque. L'autel, et ceux des autres chapelles, fut placé lors de la restauration générale commencée vers 1850. Nous trouvons trop lourd le rétable qui le surmonte; bien maniérée cette maquette de l'Ange gardien qui manque à la fois d'une harmonieuse proportion, et de tout sentiment religieux.

Sous le petit porche, belle statue de la Vierge. (XIVe siècle) tenant l'Enfant Jésus dans ses bras. Par terre, une moitié de pierre tombale du XIIIe siècle disant les noms de « Môseigneur Jehan de Chauvi-

CHAPELLE DE NAVARRE (VIOLLET LE DUC)

court jadis vicaire deciens et curé. . . . . »

Nous voici à la principale adjonction faite au monument, la chapelle dite de Navarre ou du Rosaire.

Il nous faut ici admirer sans réserve « l'un des meilleurs exemples de l'architecture du commencement du XIVe siecle, qu'il y ait dans l'Ile de France » (1) Viollet le Duc décrit avec complaisance la manière savante dont fut reliée cette construction nouvelle à l'ancienne, sans nuire à l'effet de l'une plus qu'à la solidité de l'autre : « Une charmante arcature, con-« clut-il, décore l'appui des quatre « grandes fenêtres, dont les meneaux of-« frent un dessin d'une pureté remar-« quable. »

On voyait autrefois dans cette chapelle six fort jolies statuettes de la même époque, deux d'hommes et quatre de femmes. On croit trouver dans ces dernières les portraits de Jeanne de France, de Jeanne de Navarre, de Blanche de Navarre et de Marguerite d'Evreux. Deux des princesses tiennent en leurs mains, et appuyés sur la

(1) Cf. Diction. d'Arch. art. chapelle.

poitrine, les modèles de la chapelle. Elles reviendront bientôt faire à nouveau les délices des connaisseurs et l'ornement du sanctuaire, M. Durand, en la possession de qui elles étaient tombées, ayant ainsi manifesté sa derniere volonté. Sous le badigeon des murs et les restes informes des vitraux, il est possible de voir les armes de Navarre et des sujets religieux. En se plaçant au droit du pilier central, audacieux soutien de toute la voûte, on voudra contempler une vue magnifique sur la nef, et, adossé au confessional, sur le déambulatoire et le sanctuaire.

Les deux chapelles suivantes n'offrent rien de particulier (1400). Si vous désirez, de l'endroit le plus propice, voir le monument dans toutes ses parties, il faut entrer dans la chapelle St Roch, et vous placer le plus près possible du mur qui la sépare de celle de la Sainte Vierge : sur la gauche, le bas côté avec sa longue suite de colonnettes cantonnees et engagées ; la voûte sous les ogives de laquelle la lumiere jette ses reflets ; au travers des hautes lancettes du sanctuaire, l'échappée sur la nef que terminent la grande rose et les trois fenêtres aux brillants vitraux ; les hardis jets de minces colonnes mon-

STATUETTES.

N.-D. DE MANTES. VUE PRISE DE LA CHAPELLE SAINT-ROCH.

tant du pavé de la nef au sommet des voûtes : la gracieuse galerie du premier etage ; la perspective du bas-côté nord où les arcs ogives, formerets et doubleaux se jouent dans des entrelacements variés ; enfin cette colonnade du sanctuaire, puissante et légère tout à la fois, et ce déambulatoire au jour mystérieux tombant des chapelles absidales, tout ici plonge l'âme dans une admiration difficile à décrire. Il n'est vraiment que nos temples chrétiens, — j'entends ceux dont Mantes est un type parfait, — pour offrir ces mille perspectives, ces vues changeantes et toujours belles devant lesquelles on est tenté de s'ecrier : « Qu'elle doit être belle la Jérusalem celeste si les hommes savent élever au Tout-Puissant de telles demeures. »

La chapelle de la Vierge fut élevee vers 1280. Elle se présente toute rajeunie et resplendissante avec son autel, «copie d'un ancien modèle conservé à Saint-Denis, et qu'on croirait l'œuvre de quelque imagier de la belle époque»; (1) sa fort belle statue de marbre, du célèbre Bonnassieux, dont la

(1) Didron. Annales archeologiques, t. IV.

foi inspirait le talent (1) ; son arcature de l'appui des fenêtres ; et les trois verrières dont les sujets sont dûs aux indications savantes de Didron. Le dessinateur, Gérente, a très habilement rempli le plan, qui lui était tracé, d'encadrer le sujet symbolique du milieu de deux sujets historiques : l'excellente préparation des vitraux, la beauté de leur coloris et l'harmonie de leurs tons font de ces verrières les plus riches assurément de toutes celles fournies à l'église par Lusson.

Dans la fenêtre centrale resplendit, en peinture transparente, une suite de huit personnages dont les paroles ou les œuvres, inspirées par Dieu, annoncèrent la Vierge Marie, tandis qu'au portail les figures de pierre représentent ses ancêtres selon la chair.

Moïse, Aaron, Gédeon, David, à gauche ; Isaïe, Jerémie, Ezéchiel et Zacharie, à droite, semblent offrir à la Vierge Mère Immaculée les symboles de sa pureté sans

(1) « Chargé de faire une statue de Voltaire pour « la décoration du Louvre, il refusa l'exécution d'une « œuvre qui blessait ses sentiments catholiques. » On lui doit la fameuse statue de N.-D. du Puy.

Dictionnaire des Dictionnaires. Art. Bonnassieux.

tache et de sa divine fécondité. C'est le buisson ardent qui brûle sans se consumer; la verge du grand prêtre miraculeusement fleurie; la toison au double prodige, enfin l'arche d'alliance: puis le rameau verdoyant d'Isaie qui porte pour fleur le Messie ; l'annonce des tribulations que figure la scie ; la porte mystérieuse et le chandelier à sept branches disent l inviolable virginité de la divine Mère et le doux éclat dont elle devait illuminer le monde. Une bordure vivante d'anges aux douces figures encadre les prophètes dont les têtes sont graves et imposantes Les poses de ces divers personnages ont toute la noblesse et la simplicite convenables, les draperies sont largement accusées. (1)

Le vitrail de gauche déroule dans ses médaillons toutes les phases joyeuses de la vie de la Vierge : 1° sa Nativité, 2° sa Présentation au temple, 3° l'Annonciation, 4° la Visitation, 5° la Naissance de Jésus et 6° l'adoration des Mages.

Celui de droite nous montre les douleurs et le triomphe : 1° la Purification, 2° la Fuite en Egypte, 3° le Calvaire, 4 la

(1) cf Annales Archéologiques tome IV.

mort, 5e l'Assomption et 6e le Couronnement.

Les deux chapelles suivantes présentent de charmants autels neufs où les émaux et la peinture se mêlent agréablement aux tons de la pierre et du métal ; pour ne pas médire, taisons-nous sur les vitraux, plus dégradés, après 30 années d'existence, que nos vieilles verrières des XIIe et XIIIe siècles.

Du milieu de la chapelle de St Joseph (1320) même vue panoramique du monument, indiquee déjà avec une échappée de plus sur la chapelle de Navarre, au travers des étroites arcades du Sanctuaire.

Près de la Sacristie, ancienne baie dans laquelle un vitrail moderne, modèle achevé du genre, tamise doucement la lumiere.

Avant de quitter cette partie originale de notre collégiale, arrêtons-nous un instant devant les colonnes monocylindriques en grès du sanctuaire. Viollet-le Duc n'hésite pas à faire remonter la construction de ce rond-point à quelques années seulement après celui de l'eglise de St Denis (1140). Gabriel, Soufflot et Perronet, en étant venus lever le plan, ne purent maitriser leur admiration devant tant de hardiesse et de grâce réunies. Une légende, qui attribue au célèbre Eudes de Montreuil la construction de la cathédrale, fait ressortir d'une façon poetique et touchante ce qu'il y a d'audacieux dans l'œuvre que nous considérons. Etonné lui même de la témérite de son travail, le maître douta un instant du succès. N'osant assister à l'enlèvement des cintres, il y envoya son neveu. Lorsque celui ci fut venu lui rendre compte de l'heureuse réussite de l'entreprise, et l'assurer que les voûtes se tenaient dans l'espace, l'artiste chrétien se jeta à genoux et remercia, avec larmes, le Grand Maître à qui il était redevable d'un nouveau triomphe. Ce trait est tout à l'éloge du monument que l'on ne craint pas d'attribuer, faussement il est vrai, à l'immortel auteur de Ste Catherine-du-Val-des-Ecoliers. La composition des chapiteaux est à noter avec la corbeille que laissent apercevoir les feuilles et les volutes fortement épaulées sous le retroussis.

Dans la sacristie haute, (ancienne salle du chapitre) élevée en 1412, trois panneaux anciens des fenêtres représentent la naissance de l'Enfant-Dieu et l'adoration des Mages.

Robert Guériteau, dont la figure rappelle de si près les traits vénérés de son illustre contemporain, St Vincent de Paul, mourut en odeur de sainteté. Ses biographes rapportent des faits de guérisons extraordinaires obtenus par son intercession (1). La pierre adossée au mur, après une heureuse restauration fut retrouvée dans le dallage de cette partie du rond-point.

Au-dessus, grande et majestueuse statue de la première moitie du XIVe siècle.

Du pied de l'autel de la chapelle Sainte Geneviève, on a sur la nef et les galeries une vue intéressante : le gros pilier se détache vigoureusement avec son chapiteau de si large facture. Le style de ces deux chapelles (1428), qui demandent une prompte restauration, accuse la décadence dont fut trop tôt suivi, hélas ! le plein épanouissement de l'art ogival.

Nous retrouvons, à ce point, le collatéral dans son état primitif : il est facile de voir que les vitraux qui garnissent les baies sont de la même fabrication que ceux de l'autre côté.

(1) Vie de Robert Guériteau, etc, par Benoit, 1886.

De la grille du chœur, il faut considérer le grand mur occidental. Au-dessus de la porte, le tableau montre St Paul prêchant, devant les Sages d'Athènes, à l'Aréopage. L'Apôtre, debout au milieu de l'hémicycle, et fièrement drapé dans son large manteau, montre le ciel, où réside le Dieu inconnu, que, tout en l'ignorant, on révérait à Athènes. L'assemblée écoute cette parole nouvelle avec admiration et stupeur. Au premier plan, Denis l'Aréopagite contemple l'orateur : il l'approuve du geste et fait prévoir sa prochaine conversion. Près de la sortie, une femme couronnée de roses quitte l'assemblée en disant, devant le langage sévère et les vérités qui l'étonnent « Nous t'entendrons demain la-dessus. » Et son compagnon de débauche montre le poing à l'importun. Dans le lointain, au sommet de la montagne, l'Acropole se détache sur le ciel bleu.

La petite galerie du premier étage est remarquable par les bases élancées et les colonnettes frêles et hardies sur lesquelles repose l'arcature supérieure. Quant aux fenêtres et surtout à la rose, il n'est qu'un moment favorable pour les voir dans toute leur splendeur, c'est au coucher du soleil ; alors les tons chauds et brillants, les teintes variées où dominent le rouge pourpre si resplendissant et les fonds au bleu indigo intense du plus riche éclat, jettent, sous les reflets vibrants de l'astre à son déclin, une richesse de coloration si grande, que l'on dirait parfois d'un immense incendie venant enflammer ces panneaux historiés.

On trouvera plus bas la description des sujets.

Il a été placé dernièrement, sous la montre de l'orgue, un panneau en chêne sculpté de main de maître, peut-être par un nommé Chambors, de Mantes, avons-nous entendu dire. Ce travail, autrefois devant d'autel. de la plus belle époque de Louis XIV, et d'une puissance d'exécution consommée, offre un sujet d'études fort riche. L'habile groupement des personnages, l'expression si variée des figures, le fouillis et le naturel des plis des vêtements, la nappe ouvragée avec un art infini, cette aiguière d'une grâce parfaite. la large draperie qui descend du plafond, tout dans ce morceau appelle l'attention du connaisseur.

Nous sommes heureux de voir enfin sortie du réduit où elle était cachée, cette œuvre maîtresse, digne à tous égards de paraître au grand jour.

Le tableau retrace la scène du Jeudi-Saint à l'instant où le Sauveur vient d'annoncer, avec bonté, que l'un de ceux assis au festin l'a vendu à ses ennemis. Tous protestent avec ardeur et jurent de leur innocence. Judas seul garde le silence, en proie au plus affreux désespoir. De toutes ces figures si mouvementées et si vivantes, nous avouons préférer, même à celle de saint Jean et de Jésus, le troisième personnage à la droite du Rédempteur. L'expression naturelle, le parfait modelé, qui ferait croire à un portrait plus qu'à une œuvre d'imagination, décident notre choix.

On se rappelle la tradition selon laquelle le cœur et les entrailles de Philippe-Auguste auraient éte placés dans le sanctuaire : lors des travaux exécutés pour redescendre à son niveau premier tout le pavé de cette partie, on trouva bien une cassolette renfermant une matière desséchée assez semblable à l'éponge, et qui tombait en poudre au toucher. Serait-ce là vraiment le cœur du grand roi?

Dans l'incertitude, le tout fut religieusement placé au même lieu.

Mais quittons ces tristes pensées pour visiter les étages superieurs. Il faut pour cela s'adresser au sacristain. Je recommande avec instance de ne pas reculer devant ce dérangement. Le plaisir que l'on éprouvera de cette visite, le splendide panorama dont on jouit de la plate-forme des tours, (308 marches), seront une ample compensation à la fatigue et au temps consacrés. Demander au guide qu'il prenne la clef de l'horloge afin de penétrer dans la dernière galerie ; les personnes qui ne craignent pas le vertige se feront, de là, une idée de l'élévation du monument.

Soixante marches conduisent à la première galerie. Du seuil, nous la voyons fuir dans le lointain, au milieu de ses colonnes et de ses voûtes en berceaux. Dans le principe, toute cette galerie était construite comme nous la voyons encore au tournant : simples oculi de 3 mètres de diamètre et voûtes à berceaux, retombant sur le linteau qui court du mur plein aux piliers de la nef et repose sur deux pilastres et deux colonnes monolithes fort belles, comme d'ailleurs toutes celles de l'église. Lorsqu'au XVe siècle on les remplaça par les voûtes à arêtes qu'éclairent ces larges baies, un bouclement ou flexion se pro-

N.-D. de Mantes. Le Triforium (Rond-point)

N.-D. DE MANTES. LE TRIFORIUM (Nord).

duisit aux piles de la nef: la poussée, verticale jusqu'alors, devint oblique, et chargea trop une partie qui n'était pas faite pour elle. Nous pouvons constater la grande originalité de ce systeme ingénieux, — très rarement imité, — au rondpoint et sur une plus longue suite du collatéral nord, où l'heureuse perspective ménagée dans les entre-colonnes porte à regretter que l'œuvre première n'ait pas été respectée dans son entier. Près de la porte au-dessus de la sacristie, le regard embrasse tout à la fois les élégants chapiteaux et la retombée des berceaux, les colonnes entremêlées, les oculi du chevet, aux vitraux récents, et sautant par-dessus le sanctuaire, va se perdre dans le côté sud, que parfois les jeux de lumière semblent reculer dans un lointain perdu.

A la retombée des arcs les figures gracieuses ou grotesques d'hommes et d'animaux, des feuilles sculptées en dentelle, montrent toute la richesse et la variété du ciseau de l'artiste.

Pour tout voir dans cet édifice, où chaque pas découvre un horizon nouveau, sortez par cette porte que nous touchons, faites ouvrir les deux du palier qui ferment à droite et à gauche le chemin de service, et longeant jusqu'à la courbe du chevet, (si vous n'êtes pas sujet au vertige), vous vous croirez, après vous être retourné, en présence de quelque antique souterrain solidement voûté. Du toit des chapelles on commence à dominer le gracieux paysage. Il faut aussi monter l'escalier qui s'ouvre à l'extrémité de cette galerie du nord, afin de considérer du pied de la tour, la courbe élancée des arcs-boutants : ils forment une voûte aérienne du plus pittoresque effet. Sans doute, on devra redescendre, pour reprendre l'autre escalier, à cause des barres de fer placées lors de sa reconstruction de cette touren 1850 et qui, traversant jusqu'à la tour méridionale, assurent la stabilité, mais rendent l'ascension plus difficile de ce côté. Que l'on m'en croie cependant, la vue mérite cette double montée.

Les debris de statues, rassemblés ici, proviennent des portails ; et un vieux Christ en croix, que nous voudrions en meilleure place d'honneur, est le seul reste de l'ancienne eglise détruite par Guillaume le Conquérant. On reconnaît un réel talent dans les draperies des statues colossales des échevins, dont plusieurs noms se lisent encore au bas.

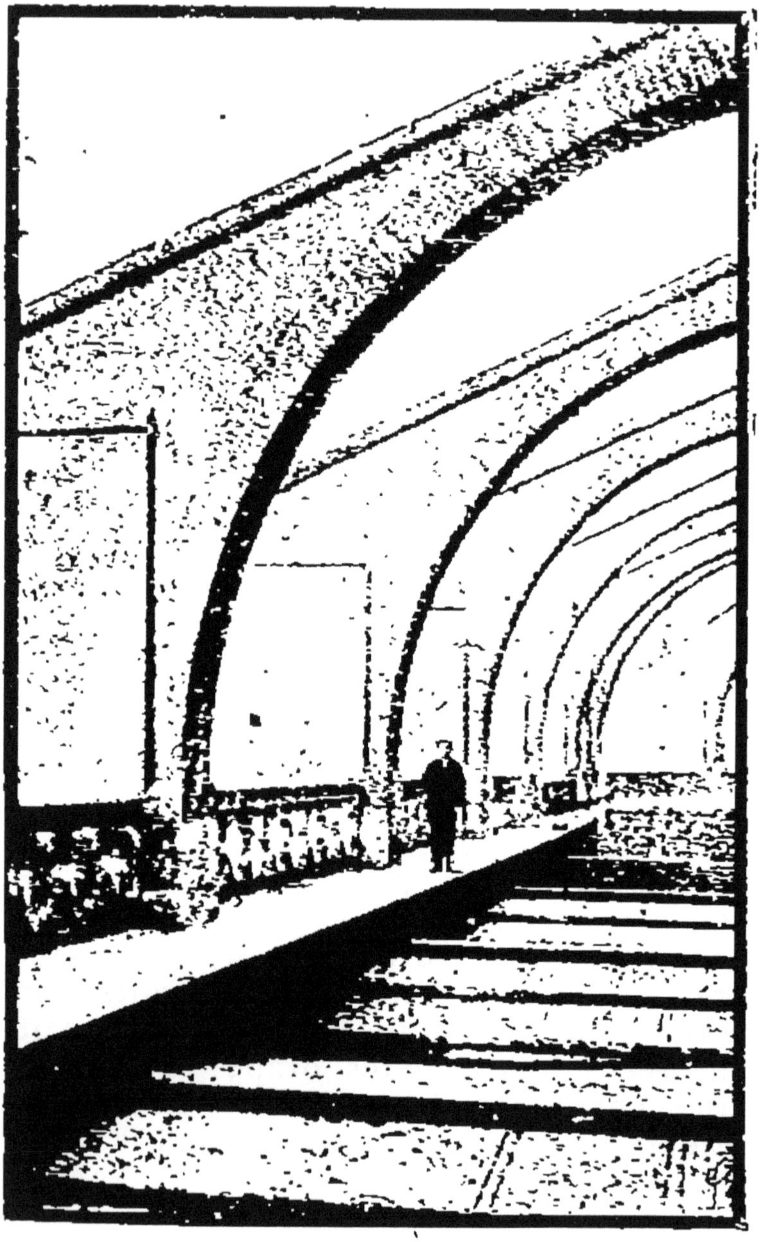

N. D. de Mantes, Arcs-Boutants Nord

Du milieu de la galerie sous les 3 fenêtres de la façade, admirable vue sur tout ce beau vaisseau. Sous le bandeau de la balustrade étaient peintes les armoiries des bienfaiteurs de la collégiale : quelques-unes sont débarrassees du badigeon qui les couvrait.

Dans les hautes fenêtres, moins soignées que celles de la chapelle de la Vierge, les sujets repètent les diverses phases de la vie de Marie : à droite ce qui précède le divin enfantement : 1· rencontre d'Anne et de Joachim à la porte dorée, 2· naissance de Marie. 3· son éducation par sa mere, 4· son mariage avec saint Joseph, 5· l'Annonciation, 6· la Visitation. A gauche : 1· Nativité, 2 Adoration des bergers. 3· Purification, 4· Jésus au milieu des docteurs, 5· Marie reçoit le corps sanglant de son cher fils, 6· qui la couronne dans les éternelles demeures. Au milieu, Jesse endormi voit se dérouler dans un songe prophétique ses illustres rejetons, d'où sortiront le Messie et sa sainte Mère, représentés dans les deux médaillons supérieurs. Les prophètes debout accompagnent de chaque côté les figures.

L'ascension reprise, nous arrivons par

l'horloge à la galerie de la rose (116 marches). Que nous nous sentons petits, et cependant nous ne sommes qu'à vingt mètres du pavé! En se retournant on peut toucher cette rose magnifique dont il a été déjà parlé. Au centre, assis sur l'arc-en ciel et au milieu des astres, le Souverain Juge, portant les marques sanglantes de sa passion, va procéder au suprême jugement. Quatre anges l'accompagnent, qui tiennent les instruments rédempteurs, et l'adorent, pendant que quatre autres sonnent de la terrifiante trompette.

Dans les médaillons, de droite à gauche, la résurrection des morts, le pèsement des âmes, l'introduction et le séjour dans la gloire, enfin le terrible sort des damnés devant lesquels s'ouvre la gueule béante de l'enfer, se deroulent avec leurs douces espérances ou leurs affreux désespoirs.

Reprenons l'ascension et nous voici à la galerie. Devant cette colonnade, petite merveille, un cri de joie et de surprise sort des lèvres: les colonnes forment ici une véritable forêt ; elles s'enlacent, se pénètrent sans arrêter cependant la vue qui va se reposer, au travers, sur les co-

N. D. DE MANTES. ARCS-BOUTANTS (Sud)

N.-D. de Mantes. La Colonnade.

teaux de Limay. Le beffroi compte trois cloches.

Nous commençons par le côté sud à parcourir le panorama : sous les arcs-boutants, les combles des chapelles ; le toit délabré de la chapelle de Navarre, dont la restauration totale est peut-être prochaine, grâce au legs généreux de M. Durand ; le chevet, derrière lequel une échappee ravissante sur la Seine et ses iles ; la belle promenade des Cordeliers, et à l'horizon les collines d'Epone et de Mezières.

Revenus au milieu de la colonnade, nous avons sous les yeux toute la ville et ses campagnes environnantes. Sur notre gauche, et allant des premiers plans aux plus éloignés, le couvent des Bénédictines et l'Hôtel-Dieu avec son humble beffroi ; la plaine de Soindres, et Mantes-la-Ville à l'entrée de cette delicieuse vallée de la Vaucouleurs, aux paturages qui rappellent la Suisse ; plus sur l'Ouest, l'Hôtel de Ville que surmonte un campanile, et tout près le réservoir des eaux, assez semblable à quelque vieille construction ; les hangars toujours fumants du chemin de fer et la forêt de Rosny : en face, une des façades de l'ancien hôtel de Gabrielle d'Estrées ; la Tour Saint-Maclou que nous reverrons tout à l'heure : les plaines de Gassicourt, jadis couvertes de vignes, le petit village et sa belle église du XIe siècle ; enfin, se noyant dans l'horizon, les collines indécises de Rolleboise et de Vernon.

Le côté nord, bordé par la Seine et ses îles verdoyantes, se déploie sur une longue ligne depuis les collines de Dennemont jusqu'à celles d'Issou et de Gargenville. Nommons seulement pour les retrouver bientôt Saint-Sauveur, la côte des Célestins et son château, l'Ile-aux-Dames, promenade favorite de notre ville, Limay relié à Mantes par un double pont majestueux, enfin l'immense plaine où la moisson promet au laboureur un abondant et fructueux travail.

A remarquer ici la vue d'ensemble au-dessus des arcs-boutants.

Un dernier effort et vous êtes sur la plate-forme des tours. On compte 64 mètres du pavé au sommet de la tourelle.

Le côté du midi de la toiture a conservé dans ses tuiles vernissées, de diverses couleurs, les dessins et les grecques primitifs. Quelques-uns voudraient y voir les armes du donateur prétendu, le comte Thibault, contemporain de saint Louis. Laissant à d'autres le soin de prouver cette affirmation, promenez, sans vous lasser, votre regard sur le vaste panorama, et dites si ce n'est pas avec grande raison vraiment que nos ancêtres ont nommé Mantes « La Jolie. »

En redescendant, les souvenirs historiques, dont cette eglise fut le théâtre, se pressent à l'esprit. La toute jeune Collégiale, est blanche et gracieuse comme une fiancée au jour de ses noces : une foule pieuse se presse et l'emplit, à la nouvelle donnée par le hérault d'armes, richement vêtu et monté sur un blanc coursier, que « Monseigneur le Doyen devait selennellement officier ». La nef, les bas-côtés, les galeries sont trop étroits pour contenir les flots de la multitude.

Dans le même temps, Philippe-Auguste, afin de montrer sa devote et filiale confiance à Notre Dame, prend le titre d'Abbé de cette église qui lui est vouee, il fait honneur à sa nouvelle dignité, et ses dons magnifiques viennent enrichir le trésor. Les rois, ses successeurs, l'imitèrent dans ses largesses.

C'est ici, pour rappeler seulement les faits principaux, que St Louis, Blanche de Castille, St Bonaventure et St Thomas d'Aquin, Marguerite de Provence, Henri IV, Louis XIV, Richelieu, Louis XVI, s'agenouillèrent pour prier. Après la « Grande dispute de Mantes », où les destinées du royaume étaient en jeu, en même temps que la foi du Bearnais, c'est l'infortunee veuve de Henri III, vêtue en grand deuil, entourée de ses femmes, et se jetant aux pieds du roi afin d'obtenir la sepulture pour le defunt et justice contre ses assassins ; ce sont les assemblees générales du clergé qui appellent sur leurs travaux les bénédictions du ciel, et ne se séparent qu'après le chant solennel du « Te Deum ».

Ces fêtes sont passees!

Nous en voyons quelque reflet lorsque, par exemple, dans la nuit de Noel, et surtout au soir du dernier jour de mai, les fidèles viennent, nombreux encore, entendre la parole sainte et l harmonie des cantiques, contempler, tout en feu, le hardi vaisseau de leur splendide cathédrale, sourire à leurs jeunes enfants, vêtus de blanc et couronnés de fleurs, unir enfin leurs voix puissantes aux douces voix qui louent le Très Haut et celèbrent la divine Mère.

Alors on se reprend à espérer, à croire qu'un tel passe, rempli de tant de malheurs et de si nobles gloires, sera suivi de jours prospères et de nouvelles grandeurs.

II

La Tour St-Maclou. — Les Fortifications. — Les Tanneries.

Nous retournons dans la ville, d'autres émotions et d'autres souvenirs viendront faire revivre sous nos yeux la petite cité commerçante et guerrière. Après avoir jeté un coup d'œil sur les deux faces de la Porte des Comptes (1536) attenant à l'église, dont la pierre rongée laisse encore voir des médaillons et une ornementation du goût le plus pur, nous nous dirigeons vers la Tour St Maclou par la rue Thiers.

En traversant la place de l'église vous avez déjà remarqué, sur votre gauche, une façade de beau style, décorée de guirlandes de fleurs profondément taillées dans la pierre, c'était autrefois l'Hotel-Dieu.

Suivant la rue Thiers, sur la droite, on remarque, à l'angle de la première. (Rue Nationale) une belle maison à balcons, aux têtes placides surmontant les fenêtres, c'est, dit-on, l'hôtel habité par Gabrielle d'Estrées. (cf page 23)

La rue de la Boulangerie qui s'ouvre en face, et tout aussitôt la ruelle, sur la gauche, en donnant une idee du vieux Mantes, vous feront arriver au pied de la Tour.

Les anciens historiens parlent d'une église St Maclou érigée en cet endroit dès le XIe siècle. Soumise à toutes les vicissitudes que le temps et les hommes font surgir, elle fut detruite et rebâtie à plusieurs reprises. En 1792 l'edifice où depuis longtemps le culte n'était plus célébré, menaçait ruine : la municipalité ordonna de le demolir. La Tour allait disparaître aussi : un conventionnel dont la Chronique donne le nom, Paulin Crassou, ami des arts, la sauva de la ruine, en faisant remarquer son mérite architectural. Ce monument, des XVe et XVIe siècles, fut élevé en une année « des deniers provenant du halage des bateaux, montant sous le pont de Mantes, les dimanches et fêtes. Car en tels jours cela était défendu. »

La rançon avait éte fixée par les échevins eux-mêmes. Cette tour avec ses fières arcades, ses baies élancées, ses gargouilles grimaçantes, ses niches où paraissent encore quelques rares statues bien conservées, ses cordons sculptés, ses pilastres et lés vases qui dominent le tout aux angles de la balustrade, tout enfin ne doit pas faire regretter les instants consacrés à considérer cette œuvre de goût.

Le touriste pressé par le temps peut laisser ce qui suit, et, revenant aussitôt à la rue Nationale, arriver au pont (p 85 A) visiter les Tanneries, la Tour St Martin et terminer ainsi la très intéressante excursion dans la ville.

Avec ceux qui ont plus de loisirs nous continuons sur notre droite en regardant la Tour, et prenons la rue Baudin (rue aux Pois). De l'autre coté de la place s'élevait jadis le prieuré de St Georges Les grandes portes cochères de la rue que nous descendons avertissent que la noblesse avait ici ses quartiers. Au N° 1, tout au bas, est l'ancien hôtel Mornay où Louis XIV enfant descendit avec sa suite. Les appartements, naguère occupés par les Bénédictines et leurs elèves, viennent de recevoir les Frères des Ecoles chrétiennes. Ils y continueront, pour se venger de l'odieuse laicisation dont ils sont les victimes, le dévouement et l'education auxquels près d'un siècle de succès eût dû assurer une autre récompense que la persécution.

Prenant à gauche la rue Porte Chante-à-l'Oie, nous la suivons jusqu'au tournant. Les restes puissants de l'ancienne porte Chante-à-l'Oie sont là debout, sur la gauche, et très solides.

Cette porte l'une des plus solides et des plus anciennes de l'enceinte, reparée déjà par Charles-le-Mauvais, fut défendue au moyen d'un ouvrage avancé, sous Henri IV, par le sieur de Buhy. L'ingénieur militaire voulut que personne n'ignorât son travail ; il fit placer au-dessus une inscription pompeuse rappelant en quels temps difficiles ces defenses avaient été élevées. Par delà cette ruine les fortifications remontent vers le midi jusqu'à la place de Rosny.

Nous descendons la rue de la brasserie St-Roch, où les remparts formidables sont partout remplacés par des terrasses verdoyantes ; les fleurs et les fruits jettent leurs parfums et leurs doux eclats aux mêmes lieux que le fer et le feu ravagerent si souvent.

Parvenus sur le quai, nous voyons au-delà de cette grille la « *Maison de la Tour* » sur les quais. Cette agréable résidence s'élève à la place d'un énorme bastion semi-circulaire dont les flots venaient battre le pied. De là, vue ravissante, pardessus le fleuve, en face, sur la propriété des Moussets à mi-côte, a gauche, la colline et l'ermitage de Saint-Sauveur, enfin à droite, la belle promenade de l'Ile, le pont majestueux sous les arches duquel se dessinent, dans le lointain, les bords sinueux de l'Ile de Limay

Sur ces quais on voyait la Porte à Baudet et la Porte de la Pêcherie auxquelles correspondent les deux rues que l'on traverse. Les anciens arbalétriers de Mantes s'exerçaient ici, avant la Révolution, au tir de l'arquebuse. Arrivons au pont.

A ———————————— Devant cette coquette maison aux deux jolies tourelles en encorbellement, reunies par une courtine et couronnées de créneaux à machicoulis, qui se dirait en présence d'un ouvrage de guerre? Voila cependant la vieille porte de l' « Etape ». Charles-le-Mauvais fit fortifier le château de Mantes « du coté de l Etape, par une « clôture avec porte et pont-levis qui en- « fermait l'église Notre-Dame, en la-

« quelle il fit creuser des puits et établir « des fours et des moulins à bras. » Le percement de la rue Nationale, en 1765, a detruit tous ces ouvrages. Il n'en reste que cette maison à l'aspect bourgeois qui rappelle à la ville paisible de nos jours les luttes héroïques du passé, alors que les arquebusiers de la cité repoussaient les attaques des brigands des « grandes compagnies » retranchés aux repaires voisins de Rolleboise, de Vétheuil et de la Roche-Guyon.

Le pont Neuf « le plus beau de son temps » disent fièrement nos vieux écrivains, fut construit de 1757 à 1765 par Perronet, qui y appliqua le nouveau cintrage des arches, inventé par l'ingénieur mantais, Robert Pitrou. Les trois arches, d'égale grandeur, ont cent vingt pieds d'ouverture : ce travail passa longtemps pour le plus hardi qui fût en France ; il est toujours une œuvre remarquable. Détruit par la mine en 1870, afin d'arrêter la marche de l'ennemi, on le reconstruisit, aussitôt la paix, sur les mêmes plans et avec un art égal. Nous n'oserions assurer que cette seconde construction ait été entreprise sous les mêmes pieux auspices que la première. « Avant de poser les cintres,

« sons-nous dans une ancienne chronique, « on s'est devotement préparé. Il fut dit « une messe du Saint-Esprit à Notre-Dame, « le 4 juin. Elle a commencé à 4 heures « 1/2 du matin, et à 5 heures tous les ou- « vriers qui y avaient assisté ont com- « mencé le travail..... Le 27 septembre, « sur les 4 à 5 heures du soir la grande « arche a été fermée en pierre. A cette « occasion il y a eu un Te Deum chanté « dans l'église Notre-Dame, à 6 heures ; « il fut précédé de la sonnerie de toutes « les cloches. » (1).

Comme on savait alors aussi bien se réjouir que prier et travailler, les chants étaient accompagnés au dehors par les décharges joyeuses des boîtes d'artifice. Le lendemain, après une nouvelle Messe du Saint-Esprit la journée fut consacrée aux divertissements, et le soir un splendide feu d'artifice couronnait la fête.

Le projet de Perronet comprenait le pont de Limay, en prolongement de celui-ci : il ne put être exécuté que vers 1845.

Poursuivant notre promenade sur l'autre quai, nous arrivons bientôt devant une

(1) Extrait de la « *Chronique* ».

petite porte basse cintrée, couronnée de machicoulis et surmontée d'une maisonnette en auvent. C'est la « Porte aux Prêtres », assez bien conservee, espèce de poterne donnant sur l'ancien chemin de ronde, aujourd'hui rue des Tanneries et du Fort. Elle est ouverte un peu au-dessous de la tête du vieux pont détruit en 1765. Cette tête de pont était défendue par une grande construction carrée, que flanquait quatre grosses tours rondes crénelées et surmontées de tourelles en poivrières. De tous ces ouvrages il ne reste rien.

Il faut entrer par cette porte, tourner aussitôt à gauche, remonter jusqu'au moulin, et les curieuses et seculaires Tanneries s'offriront à vous au bas de cette rampe qui surplombe le ruisseau.

Avant de descendre vous remarquerez au haut du rempart un écusson aux trois fleurs de lis, dégagé du plâtre qui le couvrait. Cette puissante muraille terminait ici le château et la citadelle redoutable que nous avons vu si souvent disputes et si vaillamment défendus. Tout a été detruit à ce point qu'on ne peut même pas suivre le tracé de ces importantes constructions militaires.

Et la cathédrale seule demeure pour

évoquer ce passé ! Mais ne nous attardons pas davantage.

D'un caractère architectural remarquable, ces Tanneries datent au moins du XIe siècle ; les vieux murs qui séparent les cours de la Seine leur sont antérieurs. « Elles sont établies sur un petit affluent « de la Seine dont les rives maçonnees « sont traversées par des arches de pierre, « sur lesquelles s'élèvent des masures ban« cales, d'une vétuste extraordinaire, sou« tenues au rez-de chaussée par des pi« liers de pierre ou de bois, droits ou « obliques, formant une sorte de bizarre « galerie. Les constructions bossuées, « ecorchees, branlantes, marbrees de « teintes jaunes ou grises de cet etrange « Ghetto » sont tapissées de peaux pen« dant des fenêtres en pieces déchique« tees encore saignantes, ou séchant au « soleil après un premier bain de tan Le « ruisseau roule au-dessous de ces cloa« ques une eau violette et fangeuse comme « l'onde du Styx, mais la ruelle des « tanneries n'est pas habitee par des om« bres chimériques, et l'on entrevoit çà et « la des chambres d'ouvriers qui, malgré « leur pauvreté, prefereraient payer une

« éternité de loyers que l'obole au funèbre « Caron. » (1).

Cette description pleine d'humour ne s'éloigne pas beaucoup de la réalité, comme il est facile de s'en convaincre sur place. Les ateliers de tannerie et de teinturerie se prolongent jusque sous les murailles de l'ancien château avec leurs robustes colonnes aux chapiteaux informes et leurs énormes cintres naissant du sol comme de gigantesques cerceaux. Ils paraîtraient au visiteur des hommes d'un autre âge, les malheureux enfouis tout le jour dans ces obscurs reduits, n'était leur complaisance, intéressee peut-être, à faire les honneurs du sombre séjour qu'ils se plaisent à vieillir encore. Croyez-moi cependant : ne manquez pas de descendre dans cet étrange recoin, vous en emporterez une profonde et indéfinissable impression. Si l'on veut sortir de l'autre côté et poursuivre sur la promenade des Cordeliers, on arrive à l'usine a gaz (B. p. 92).

Nous revenons à la poterne et continuons le tour de la ville. Une petite guérite ou tour de guette, construite en en-

(1) Les environs de Paris par L. Baron (p. 550.)

corbellement, s'accroche au mur d'enceinte, le plus vieux de tous : comme partout, les créneaux ont fait place aux corbeilles de fleurs et aux plates-bandes multicolores.

A l'angle, la Tour St-Nicolas, comme celle de l'autre extrémité, baignait dans le fleuve et en défendait le passage. Remontant jusqu'au débouché de la rue de la Sangle le mur s'ouvrait par la porte des Cordeliers.

Ce nom des Cordeliers est donné aussi à la jolie promenade que nous touchons : elle aboutit à la belle propriété construite sur l'emplacement du couvent. Les religieux de l'Ordre de saint François, avaient en cet endroit une maison déjà florissante au temps de saint Louis. On conserve religieusement la tradition suivant laquelle les deux illustres saints Bonaventure et Thomas d'Aquin se seraient rencontrés dans nos murs, comme autrefois leurs saints fondateurs, à Rome. Un jour Thomas d'Aquin venu pour rendre visite à son ami, le trouva travaillant à la vie de son séraphique père St François. « Laissons un saint écrire la vie d'un saint, » dit-il ; et il attendit que de lui-même Bonaventure s'arrêtât.

Quelques fûts de colonnettes, à arêtes vives du xvᵉ siècle, perdus dans le mur qui clôt la propriété sur le ru de la Vaucouleurs, sont les seuls indices qui restent des bâtiments clostraux.

B. – A l'usine à gaz prend la rue des Martrais. Les travaux de défense reparaissent bientôt sur la droite, hauts et solides, avec un des éperons aux puissantes assises de pierre. C'est un de ces ouvrages avancés que Charles V avait donné l'ordre de construire en avant des remparts. Ces derniers longent la rue de la Sangle : poursuivant, nous voyons bientôt les fossés, dans les parties non comblées, transformés en luxuriants potagers et vergers. Malheureusement ils disparaîtront bientôt, nous dit cet immense hangar sous lequel, au loin, s'élèvent les réserves de bois et de houille. Il y a quatre ans à peine, de cette encoignure de la tour Courtebranle, reconnaissable encore sous le crépi, le regard se portait jusqu'au delà de la fameuse tour St-Martin (1446), que les braves bourgeois livrèrent en 1449 aux Français de Dunois et de Saint Pol, après en avoir chassé la garnison anglaise. Cette gigantesque construction dont la tête est couronnée d'énormes modillons assemblés trois à trois, se dresse encore superbe de couleur dans un délicieux paysage. A voir l'epaisseur de ses murailles, la largeur et la profondeur des fossés, la hauteur des remparts qu'elle défendait, on peut juger de l'aspect imposant qu'offrait la ville de Mantes au moyen-âge. Au travers du feuillage pointe à l'horizon l'humble clocher de la chapelle de l'Hospice. Faites tous vos efforts pour voir, autrement qu'au travers des planches et par-dessus le mur, cette partie des fortifications, la plus curieuse, avec les Tanneries, des restes de plus en plus rares de l'antique cité.

A l'extrémité du mur se dressa, jusqu'en 1820, la Porte aux Saints, dite encore Porte Chantereine à cause des grenouilles coassant jadis dans ses fossés.

Sur la gauche et dans la rue du faubourg Saint-Lazare se trouve l'Hôtel-Dieu qui « a este estably en septembre 1668, régnant Louis XIV. » Il abrite des orphelins et des vieillards des deux sexes et compte 120 lits.

La chapelle, placée dans le cimetière, vient de reprendre une nouvelle jeunesse grâce aux vitraux et aux peintures dont on a garni ses fenêtres et couvert ses murs, du pavé à « se lambrit faict en l'année 1622. » Une grande Vierge-Mère du XVe siècle, provenant de l'église St-Maclou, trois belles peintures dans de riches cadres dont deux anciens, et surtout le dallage composé de remarquables pierres tombales des XIIIe, XIVe et XVe siècles, prises dans le cimetière et portant les traits et les noms de bourgeois de la ville, procureront quelque intérêt au visiteur.

Voici l'inscription que nous avons relevée, avec le dessin de l'une des plus anciennes pierres : « En l'an de grâce MD quatre-vingt et XIII, le jour de la feste de Saint Jehan decollade el mois d'aoust trespassa Jehan Bovin clerc et bourgeois de Mantes priez pour li »

La suite des fortifications de la Porte aux Saints à la porte de Rosny formait une ligne droite, aujourd'hui enclavée dans les propriétés particulières où il serait facile de les retrouver La porte de Rosny ouverte à Mayenne après la bataille d'Ivry, se dressait près la place actuelle de la République avec un ouvrage très important composé d'un corps de bâtiment carré, flanqué de deux grosses tours rondes. La ligne se brisait ici presque à angle droit pour descendre sur la Seine le long des rues Bourgeoise et Gâtevigne, et se raccorder a la porte Chante-à-l'Oie.

Aujourd'hui la petite cité n'a plus de dangers à courir, plus d'assauts, plus d'alertes, le courage guerrier n'a plus à se produire dans son enceinte, et sur le haut des remparts ou des tours de guette de Notre-Dame et de Saint-Maclou on ne voit plus ni canons, ni soldats en faction. La ville est désormais paisible : ses enfants, pour une grande partie, sont employes a la fabrication des stores ou aux travaux plus delicats de la lutherie, à Mantes-la-ville Sur les places le commerce des grains, des bestiaux, des fruits, des legumes de la contrée, abondants et savoureux, se fait à l'aise et sans bruit. Limay apporte ses petits pois, Guernes ses asperges, Freneuse ses navets sucrés, délices des gourmets parisiens. Il n'est pas jusqu'aux petits vins clairets de Follainville et de Vétheuil qui ne viennent s'offrir, naturels ceux-là, à des prix capables de desesperer maints propriétaires bordelais. Si, dans les excursions qui vont suivre, vous êtes assez heureux pour en trouver quelque vieille bouteille de crû véritable, son pétillant nectar vous remettra en mémoire ce joyeux couplet célébrant le côteau des Célestins.

A Mantes fut la dinee,
Où croit cet excellent vin
Que sur le clos Celestin
Tombe à jamais la rosee'.

Libre à vous d'ajouter avec le poete :

Puissions-nous dans cinquante ans
Boire pareille vinee,
Puissions-nous dans cinquante ans
Tous ensemble en faire autant (1)

(1) Regnard « Le voyage en Normandie » cite dans « Les Environs de Paris ».

LES ENVIRONS

LIMAY. — SAINT-SAUVEUR. — DENNEMONT.
GASSICOURT

Quatre ou cinq heures doivent être consacrées à cette première excursion.

On va de Mantes à Limay par le double pont sur lequel passe la grande route de Paris à Rouen. Du terre-plein qui réunit les deux îles de Limay et Aux Dames, le regard est de suite attiré sur la gauche par une magnifique net de verdure : c'est la promenade favorite de la ville Les fêtes s'y tiennent ; et c'est un spectacle vraiment feerique lorsque les cordons de lanternes venitiennes, de verres de couleurs et les globes de lumiere électrique jettent leur eclat sous le vert foncé du feuillage, et blanchissant les troncs élancés de ces arbres gigantesques, les font ressembler a des colonnes sans fin de nos cathédrales gothiques. C'est alors une île enchantée que ce lieu propice à la fois au calme repos et aux joyeux ébats.

Comme son illustre voisine, Limay s'attribue et peut mériter une haute antiquité. Son histoire a passé les mêmes phases de grandeur et d'adversité. Il offre au touriste l'église, l'hôtel de ville et le vieux pont.

Ce dernier remonte au XIIe siècle. Les cintres des arches et le tablier, souvent détruits et rétablis selon les besoins de la guerre, ont été refaits au XVIIe siècle. Seule l'arche du côté de Mantes montre l'ogive employée dans toute la construction primitive. Ce vieux pont aboutissait autrefois à la « Porte aux Images » sur le quai de Mantes, enjambant ainsi au moyen de 33 ou 37 arches les deux bras de la Seine et les îles. Aux deux extrémités et au milieu, aujourd'hui « Trou Fayol » se dressaient d'importants ouvrages de guerre. Des nombreux établissements, moulins et pêcheries établis sur bon nombre d'arches, le dernier s'effondra depuis 1870. La vieille maison, tête de pont sur Limay, a été construite en même temps que le tablier actuel, avec les pierres des anciennes piles, comme en témoignent les

Le Vieux Pont Fayolle en 184[illegible].

marques de «tacherons» dont elles sont couvertes. Entre les pierres disjointes de ce vétéran d'un autre âge s'élancent, pour l'égayer, des végétations parasites : des buissons touffus de pariétaires, de larges carrés de mousse font disparaître chaque plaie sous un bandage de verdure.

L'ancienne rue de Paris, aboutissant à ce pont, conduit devant l'Hôtel-de-Ville, œuvre toute récente de l'architecte mantais M. Durand. On se croirait en présence de quelque gracieuse et coquette maison commune des Flandres où la Renaissance et le Moyen-Age se marient avec grâce.

L'église, des XIIe et XVe siècles, est remarquable pour son beau clocher, à pierres imbriquées, du XIIe siècle. Elle renferme une cuve baptismale du XIIIe siècle richement sculptée, plusieurs monuments funéraires et un vitrail sorti de la manufacture de Sèvres.

Près de la porte d'entrée, adossée au mur, une pierre tumulaire porte en caractères hébraïques cette inscription : « Là « est le monument du rabbin Mayer, fils « du rabbin... qui fut délivré (*mourut*) le troisième jour du samedi... de l'année 5101 de la création. » Cette pierre, du XIIe siècle, est une rareté archeologique.

Près de la tombe juive, le sarcophage chrétien. Une épitaphe transcrite recemment apprend que « *Cy giscent noble home* « *Jean le Chenut grand escuyer du roi* « *Charles V et illustre dame Jeanne de Guizy*, etc » Ils sont tous deux étendus sur la pierre, les mains jointes, l'homme tout armé, la femme en coiffe et robe longue, le chapelet au bras : leurs têtes reposent sur des coussins. Un triptyque complete le monument : au centre, Marie éploree reçoit le corps inanimé de son divin Fils ; les personnages qui l'accompagnent et que nous croyons être le seigneur et sa dame plus jeunes, sont proteges par saint Antoine et sainte Catherine Sous les arcatures du soubassement sont appendus les ecussons aux armes des defunts.

Le vitrail place au chevet derrière l'autel de la Sainte Vierge est une œuvre fort belle comme coloris, offerte par l auteur lui-même, nomme M. Apoil, né à Mantes, et employé à la manufacture de Sevres. Il y a dans ce travail bien des incorrections de dessin, des manques de proportion, sur lesquels il est inutile d'insister, non plus que sur la bordure extrême et l'inscription (1) ajoutées afin de remplir la baie pour laquelle ce vitrail n'était pas destiné : il se trouvait primitivement près de la chaire, et en trop mauvais éclairage. Bref nous voyons Charles V, entouré de sa cour et des prelats, donnant aux Celestins la charte qui les autorise a etablir, a Limay, un couvent sous le vocable de la Sainte Trinité (1376). Plusieurs figures de moines sont les portraits de prêtres et de religieux connus de l'artiste.

Sous le clocher, derriere l orgue un bizarre chapiteau historié represente des centaures tirant par la queue deux monstres affrontés qui se retournent avec fureur.

SAINT-SAUVEUR

Pour arriver au chemin rocailleux qui serpente jusqu à l'Ermitage (2 kilm), il

(1) Au dire de cette inscription « Charles V profita de cette ceremonie pour reduire a trois les fleurs de lis auparavant sans nombre de l'ecusson de France. » Les chartes ne manquent pas. des 1212. dans lesquelles paraissent seules les trois fleurs de lis, ce ne fut donc pas en cette circonstance que se fit pour la premiere fois la reduction au chiffre trois, adopte, il est vrai, definitivement à cette epoque.

faut prendre la première rue à droite au dessous de l'eglise et suivre, après avoir traversé la grande route, et les 2 rues suivantes, jusqu'au grand mur qui fait face : c'est la clôture de l'ancien couvent des Capucins construit en 1615 avec les pierres de la forteresse de Mantes. Les cloîtres sont transformés en ferme. Suivez ce mur sur la droite et la rue des Moussets à sa suite : si l'ascension vous semble pénible, elle déploie bientôt un panorama d'une telle beauté que vous oublierez vite la fatigue. Au débouche du mur de la gracieuse propriete des « Moussets » Mantes va se presenter fièrement dominée par les deux tours de sa cathedrale ; une ceinture de collines ondulées border l'horizon et s'ouvrir aux ravissantes vallées de la Vaucouleur, derrière la cathédrale, et de la Mauldre, vers l'est au-delà de Mézières et d'Epône. Le pied du coteau pose dans le fleuve où se mirent les hauts peupliers. Suivant le flot dans ses capricieux méandres au travers des îles et des immenses plaines, le regard s'en va trouver les lointains côteaux de Rolleboise et de Bonnieres, par-dessus les moissons dorées ou les gras pâturages, dont le vert éclatant annonce déjà la Normandie. Rien

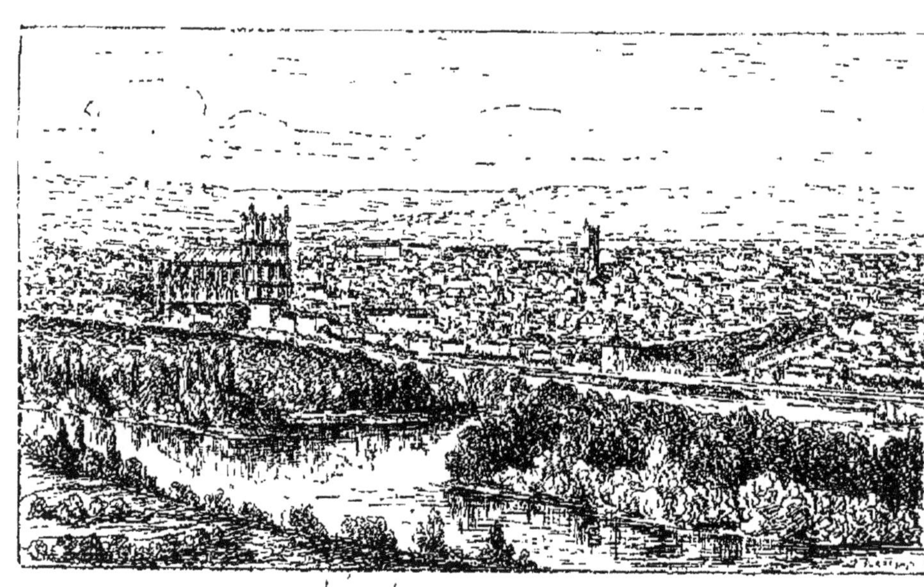

VUE GÉNÉRALE DE MANTES, PRISE DE SAINT-SAUVEUR

Grotte-Chapelle de Saint-Sauveur (Liniay)

de plus grand et de plus charmant à la fois.

Ayant laissé la croix sur votre droite voici l'Ermitage. N'attendez pas qu'un pieux solitaire vous introduise, vous raconte religieusement l'origine de cette chapelle et vous en déroule l'histoire : le siècle n'est plus aux ermites. A grand'peine de pauvres gens se résignent-ils, moyennant salaire, à demeurer en ce réduit, où leurs devanciers vivaient heureux des seules aumônes et dans l'attente du paradis. A défaut de cicerone local écoutez la tradition. Cet endroit servait au xive siècle de refuge à une bande de détrousseurs de grands chemins. Surpris enfin par les soldats de Charles V ils furent pendus devant leur repaire. Dans la suite une croix remplaça la potence, et de la caverne on fit une chapelle. Un ermite s'y installa qui signalait au maître du pont de Mantes les bateaux marchands remontant le cours du fleuve. Le saint homme priait aussi pour l'heureux voyage des mariniers. En reconnaissance de ces bons offices la marine de Rouen offrit, au xvie siècle, la Mise du Christ au tombeau. Des statues, des tableaux, des chapelets et autres objets religieux, ex-voto d'églises voisines pour la plupart, donnent à ce séjour un faux air de bazar dans lequel on aurait rassemblé de partout ces dépouilles pieuses : c'est un St Clément, une Madeleine, une sainte Catherine, de nombreux St Roch, des Ecce Homo, un St Paul qui n'est pas sans mérite, enfin des Vierges de toute matière, de tous modèles et du même goût. Nous en remarquons une fort jolie en bois du XIIIe siècle tenant sur ses genoux l'Enfant divin que deux anges, agenoux soutiennent avec respect. Un affreux et épais badigeon empâte malheureusement le gracieux et habile modelé des figures et des plis. Parmi tous ces objets sans autres valeur que le sentiment pieux qui les a apportés, se trouve égarée une autre œuvre remarquable dont un de nos musées n'aurait pas à rougir : c'est, au fond, encastrée dans le mur, la statue (XIVe siècle) de Thomas le Tourneur. Archidiacre de Tournay, chanoine de Paris, de Rouen, de Chartres et de Beauvais, secrétaire de Charles V, Le Tourneur mourut en 1384 ; il fut enterré dans l'église des Célestins dont il avait été le bienfaiteur. Le masque et les mains du personnage, en marbre blanc poli, sont du plus beau travail.

On vous montrera l'ouverture, cachee dans les broussailles, par où les brigands descendaient en leur sinistre retraite; les différentes pièces servant de logement aux gardiens, une autre petite grotte avec un autre Saint-Sepulcre; enfin la clochette que les jeunes filles, en riant, se plaisent à faire tinter, pour demander, sans trop y croire, aux vibrations argentines, combien d'années encore la Providence fera languir leur vœux.

Deux fois dans l'annee, la chapelle ne peut contenir les fideles accourus à ses solennités. Apres l'office les confreres de St Sauveur se reunissent en agapes cordiales que preside le venerable Doyen de Limay. Autrefois les notables de Mantes et de Limay tenaient à honneur d'être inscrits sur les registres.

DENNEMONT

Demandez aux pauvres gens, en leur donnant la gratification qui les fait vivre, le sentier par lequel, au travers des vignes, vous serez bientôt à Dennemont, petit hameau caché sous le feuillage des iles. Un ilot touffu, sur la rive duquel un moulin s'appuie pour enjamber le fleuve, fait, de cet endroit perdu, le coin de terre le plus ravissant qu'il soit possible de rêver Quels delicieux tableaux de la plus exquise fraîcheur en copiant ici la nature! Il faut faire le tour de l'ilot si l'on veut se convaincre que nos eloges ne sont point outres.

Le batelier vous passera sur l'autre rive d'où émergent le village de Gassicourt et son église romane.

GASSICOURT

Les vieilles chartes le nomment tour à tour Gati, Gaci-Curia et Gassicourt. En 1049 un monastère de chanoines reguliers, fondé sous l'invocation de St Eloi, s'établit en cet endroit. Ces religieux furent remplaces au XIIe siècle par les Benédictins de Cluny. Tres pauvre alors en paroissiens — onze seulement, sans doute employés dans les fermes — le prieuré jouissait d'un revenu considérable: au XVIIe siècle il valait 6000 livres. Bossuet en fut, jusqu'à sa mort, le bénéficier. Vers 1740 on detruisit tous les bâtiments claustraux.

L'église, des XIe et XIIIe siècles, merite toute l'attention du visiteur, et offre à

ÉGLISE DE GASSICOURT.

l'archeologue d'intéressantes études. Elle a la forme de croix latine. Une grosse tour quadrangulaire, couverte d'un toit en bâtière, est percée sur chaque face de trois ouvertures romanes, surmontées de modillons aux têtes grimaçantes. Le chevet, remarqué par Viollet-le-Duc, et les deux bras ont été surélevés au XIIIe siècle, alourdissant le clocher qu'ils empâtent; de larges fenêtres, divisées par d'élégants meneaux, et des roses s'ouvrirent à la place des baies primitives. Une petite fenêtre aveugle, visible à l'extérieur dans le bras droit, et décorée de croix, d'étoiles incrustées, ainsi que d'un bandeau formé de billettes, indique le premier état. Des contreforts peu saillants soutiennent les murs, ajourés par d'étroites ouvertures assez semblables à des meurtrières.

La façade est intacte, dans son style sévère, avec sa belle porte habilement restaurée par M. Durand. Têtes grotesques d'hommes et d'animaux, rangs de bâtons brisés, tympan incrusté d'étoiles, — en pierre trop tendre malheureusement, — ce travail consciencieux reçut la haute approbation des meilleurs maîtres. Un oculus, circonscrit par de puissants boudins et soutenu par deux figurines, s'ouvre sur la nef entre deux étroites baies : dans le pignon, même disposition à une plus petite échelle. Enfin les bas côtés prennent jour au moyen d'une fenêtre que surmonte un bandeau sans moulures.

A l'intérieur les collatéraux, qui s'arrêtent aux bras, communiquent avec la nef par cinq arcades plein cintre reposant sur de massives colonnes monocylindriques. Les bases sont presque à fleur de terre ; de curieux chapitaux, ou les figures, les palmettes, les etoiles, les entrelacs, les crosses font à peine saillie, s'elèvent au-dessus d'un tore puissant et supportent le tailloir très aplati. Les arcs de la voûte, détruite à plusieurs reprises, retombaient sur des écussons dont un seul non gratte est écartelé d'une croix accompagnée de deux et deux tulipes. La voûte du collatéral gauche offrirait dans sa charpente restauree le système de couverture primitif.

De très belles stalles et boiseries du XV siècle occupent les deux travees superieures de la nef, ou devaient se tenir les religieux. Il serait bien long ici d'enumérer même les 40 sujets des panneaux et des misericordes, faciles d'ailleurs à reconnaître, trois ou quatre exceptés. On se plaira à les considérer avec soin, et à admirer la richesse d'invention de l'artiste qui a sû, sans se répéter, jeter à profusion dans ces figures, et surtout dans ces petites colonnettes et les meneaux des boiseries, le produit varié et toujours délicat de sa fertile imagination.

Les murs, à partir de cet endroit, étaient couverts de fresques, exécutées vers le XVe siècle. On les voit encore, sous le badigeon et les plâtres, aux deux piliers que nous touchons (1), et dans la chapelle de droite. Au-dessus de la fenêtre de cette chapelle, la représentation du jugement dernier est bien conservée. Les morts effarés sortent de la tombe au son de la trompette. Des abbés et des rois se trouvent mêlés à la foule dans une egalité de fortune, parfaite celle-là. Le Souverain Juge, assis au sommet de l'arcade, étend les bras sur les bons, placés à sa droite et que les Anges accueillent avec un joyeux empressement, tandis qu'à gauche, et non moins prompts, les demons grimacants se jettent sur les malheureux qui vont parta-

(1) Au pilier de droite nous relevons encore **Sts Hugo. Abbas, Clunia, St Hugues abbé de Cluny;** à celui de gauche seulement **Sts . . . . unia**

ger leur éternelle damnation. Les paroles du double jugement sont inscrites de chaque côté.

En face, et à moitié recouverte par le plâtre, se dessine la scène de la Transfiguration. Le Sauveur resplendissant est accompagné de Moïse et d'Elie: les têtes seules des Apôtres apparaissent au-dessous. Des figures d'abbés, du dessin le plus correct, se voient surmontées de dais du xve siècle. Entre les compartiments de la voûte, 4 anges, avec les instruments de la Passion; sous l'arc formeret, deux anges à genoux paraissent adorer le Christ triomphant, tandis qu'à l'intrados de ce même arc six autres tiennent une flûte, un violon, une harpe, une guitare, un orgue et un hautbois. Tout ce haut serait plus récent d'un siècle au moins, si l'on en juge par les couleurs et la manière plus grossière du travail.

La verrière, de l'époque des fenêtres, représente le martyre des saints Vincent, Etienne et Laurent. On remarquera la répétition de plusieurs panneaux dans les deux baies de gauche et de droite. La mort des deux saints diacres ayant été la même, et précédée des mêmes tourments, l'ouvrier ne crut pas nécessaire de varier ses cartons. Voici la marche suivie, de bas en haut : baie de gauche : 1° Comparution devant le Juge ; 2° la Torture ; 3° le supplice de l'huile bouillante ; 4° du gril ; 5° entrée de l'âme au ciel ; 6° que le Christ accueille en bénissant. Pour le martyre de St Laurent dans la baie de droite : 1° Interrogatoire ; 2° question ; 3° supplice du gril ; 4° du fouet ; 5° et 6° triomphe du saint comme dans l'autre tableau. Le milieu consacré au 1er illustre diacre et martyr St Etienne, montre : 1° l'Interrogatoire ; 2° l'incarcération ; 3° la Visite du juge accompagné du bourreau portant des verges (est-ce plutôt un licteur tenant les insignes de la dignité du juge ?) ; 4° lapidation ; 5° le saint, etendu sur un lit de repos, reçoit la visite des Anges qui l'emportent vers 6° l'Esprit-Saint planant dans la nue. Au centre des 3 roses les glorieux vainqueurs sont debout : leur nom se lit auprès d'eux.

Sur la tablette de la piscine, très rare statue en bois, du XIII° siècle, plus respectée du temps que des hommes. La Vierge Mère tient son divin Enfant, dont la figure exprime l'eternelle sagesse. Reconnaissant le mérite de cette œuvre, le naturel des draperies, la noblesse du maintien et la dignité des figures, le Gouvernement en a fait prendre le moulage pour le Musée du Trocadero. Une tradition naive veut que les traits de l'Enfant et de la Mère soient la représentation de ceux des illustres donateurs, Blanche de Castille et St Louis.

La partie la plus riche de cette église, remplie de richesses archéologiques, est sans contredit le sanctuaire. Sur la gauche se dresse une magnifique pierre tombale restaurée ces années dernières (1885). Le curé d'alors voulant sauver d'une usure complète ce précieux souvenir d'un de ses ancêtres dans le ministère, fit relever cette dalle que des générations avaient foulée aux pieds : Ses mains habituées seulement à tenir la plume prirent la masse et le ciseau du sculpteur ; et sans autre maître que son goût pour les choses antiques, il fit revivre à nouveau ce témoin du passé. (1) Deux années furent consacrées à ce difficile labeur.

(1) En cette circonstance la haute et si courtoise bienveillance de l'éminent Directeur de la Bibliothèque Nationale, M. Delisle, et les habiles conseils du regretté chanoine Lebeurier, archiviste du departement de l'Eure et archéologue émérite, lui furent d'un grand secours pour la restitution des nombreuses parties entièrement effacées.

Voici l'inscription :

« Ici gist frère Thoumas Debreinne, « prieur de Gassicourt qui trespassa en « l'an de grâce 1278 priez pour l'âme de « li. »

Dans les deux hautes fenêtres, don royal de Blanche de Castille et de son fils, sont, à gauche, St Nicolas, évêque de Mire ; St Sulpice, évêque de Bourges ; St Jean-Baptiste et St Jean l'Evangeliste ; au sommet Marie et l'Enfant Jésus sur ses genoux : a droite où une habile restauration rend difficile le discernement des parties anciennes des nouvelles, on voit St Eloi et Hugues ; St Pierre et St Paul ; dans la rose, le Sauveur accueille sa sainte Mère, à son entrée dans la gloire. Une bordure, aux armes alternées de France et de Castille, court tout le long de ces splendides verrières. On y peut étudier avec fruit le costume ecclésiastique de l'époque ; la chaussure, les gants, les riches et amples chasubles bordées de magnifiques étoffes, les étoles apparaissant au bas de l'ornement, ces bords d'aubes où des sortes d éphods sont couverts de pierres précieuses, tout enfin est du plus haut intérêt pour qui veut et sait voir.

Le vitrail du chevet qui retrace l'histoire

de la « *Grande semaine* » demanderait une description détaillée. Nous nous voyons, à regret, obligé d'arrêter notre plume; ce travail plein de charmes et de profit conduirait trop loin : peut-être y reviendrons-nous un jour. Voici la trop sèche nomenclature des sujets : nous commençons à gauche, pour suivre cette première rangée inférieure, et toujours revenir, jusqu'en haut, au-dessus du point de départ.

I. *Entrée de Jesus à Jerusalem, le dimanche des Rameaux.* (1°) Les Apôtres tenant des palmes. (2°) Jesus parle à Zachee monté sur le sycomore ; (3°) La ville de Jérusalem.

II *Le Jeudi Saint.* (4°) La scène ; (5°) Lavement des pieds.

III. *La Passion.* (6°) Jésus au Jardin des Oliviers ; (7°) Trahison de Judas : (8°) Qui reporte l'argent maudit ; (9°) On conduit Jésus chez Pilate ; (10°) Qui se lave les mains après sa deicide sentence ; (11°) Le doux Sauveur au pouvoir des soldats; (12°) La flagellation. Les panneaux ont été placés, à ce point, dans un ordre qui ne convient pas. Laissons le 1er de ce 4° rang pour y revenir en son lieu. Au panneau suivant: (13°) Couronnement d'épines; (14°) Au-dessus, Jesus porte sa croix ; revenant à droite du 14e (15) Le crucifiement ; (16e) Surmontant ce panneau, Jésus dans les Limbes ; (17e) sur cette même rangee : 1er panneau de gauche, le Sauveur sort victorieux du tombeau ; (18e) à l'extremité opposée, Les Saintes femmes apportant des parfums. Redescendant à côte du couronnement d'épines no 13, (19e) Apparition de Jesus à Marie-Madeleine ; (20e) 1er panneau à droite de la rangee superieure, Jésus avec les disciples d'Emmaus ; (21 et 23e) Le Sauveur instruit ses Apôtres avant ; (22e) son Ascension, sujet placé entre les deux précedents ; (24e) La Pentecote ; (25) Dans la rose. Jésus, assis sur l'arc-en-ciel, tient le monde et le livre de vie, où sont écrites toutes les œuvres à juger.

Si nous avons admire la magnifique rose de Mantes, il ne le faudrait pas moins faire devant ces verrières, postérieures de quelque cinquante ans, mais d'un mérite égal. Nous avons dit que ce chevet et les deux bras furent sureleves au siècle de saint Louis. De charmantes piscines se trouvent auprès des trois autels : celle du sanctuaire, avec son arcade geminée, est du plus gracieux dessin

A voir dans la sacristie une très belle croix d'autel, du XIIe siecle, en cuivre repoussé appliqué sur bois ; les figures symboliques des quatre évangélistes y sont representées ; deux bas-reliefs en bois, du xv siècle, provenant d'un splendide rétable, sur lequel étaient sculptées toutes les scènes de la Passion. Les deux seules épaves qui nous soient restees figurent la descente de croix et la remise du corps de Jésus à Joseph d'Arimathie. On ne saurait trop regretter, devant ces curieux specimens de l'art, où tout est digne d'attention, la disparition de l'ensemble. C'eût été une richesse incomparable dont le pays ce fut enorgueilli à bon droit, comme il sait être fier de celles qui lui restent. Nous avons entendu raconter en effet qu'un amateur ayant offert une somme importante des boiseries et des stalles, la municipalite refusa, pensant, avec raison, qu'il est plus glorieux de montrer aux étrangers des œuvres d'art d'un tel mérite.

Bel exemple de désintéressement à continuer ici et à imiter ailleurs.

Quatre chemins nous ramèneront à Mantes ; la Route de Rosny, la nouvelle rue Saint Jacques, à travers champs, enfin, et ce dernier a toutes nos préférences, en longeant les bords fleuris et verdoyants de la Seine.

VÉTHEUIL. — LA ROCHE-GUYON. — ROSNY

Une voiture fait tous les jours le trajet de Mantes à Vétheuil. Elle prend à Limay la route tracée au pied de la colline de St Sauveur suit le fleuve jusqu'à Dennement, et coupant sur la droite une grande presqu'île fort bien cultivée, monte avec peine la côte de Saint-Martin-la-Garenne, du haut de laquelle le regard embrasse un vaste panorama: à droite, Vétheuil, Haute-Isle, la Roche, accrochés aux flancs des plus pittoresques collines ; dans la plaine, circonscrite par une large ceinture d'eau, Mousseaux, Moisson, Freneuse, Guernes, aux opulentes campagnes et aux giboyeux fourres ; enfin, au delà des flots, Mantes, Rosny, Rolleboise, nid d'aigles sur la roche à pic, et Bonnières, sentinelle avancée de la frontière.

VETHEUIL.

A l'entrée de deux coquets vallons, Vétheuil était commandé par un château-fort, redoutable rival de ceux de Rolleboise et de la Roche. Son église, une des plus belles de la contrée, fut commencée au XIIe siècle, sous les auspices et avec les largesses du seigneur. Le chœur est du règne de Henri d'Angleterre ; le clocher, de Charles le Bel ; une partie de la nef, de François Ier ; l'autre partie, la sacristie et le portail, de Henri II de France.

La façade principale avec ses pilastres, ses niches, ses consoles, ses medaillons, ses palmettes, ses riches portes sculptées, la Vierge magnifique du trumeau, et la galerie à jour des bas-côtés, est un pur chef-d'œuvre où l'on ne trouve rien à reprendre. Le porche meridional, non moins remarquable, porte gravés, au milieu de ses arabesques, les chiffres de Henri II et de Catherine de Médicis. (1)

(1) Les Environs de Paris

Il nous plaît de rappeler ici, en quelques mots, les merites et les œuvres principales d'artistes trop ignorés, à qui nous devons ces travaux remarquables. (cf La Renaissance dans le Vexin, etc par L

Église de Vétheuil.

Regnier: publications de la Société historique du Vexin, dont nous nous sommes inspiré).

La famille des Grappin, de Gisors (Eure), adonnée, de père en fils, à l'architecture compte trois noms dignes de passer à la postérité Robert (1485 environ à 1517 ou 1518) et ses deux fils Jean. L'aîné, qui semble avoir hérité de tout le talent du père, est l'auteur des deux portails que nous admirons; il a laissé d'autres œuvres non moins consommées dont nous ne citerons que les principales: à Gisors, la tour Sud de la façade et le buffet d'orgue; à Magny, le charmant édicule qui couvre les fonts baptismaux, les chapelles méridionales, à St Gervais, près de Magny, il achève l'église commencée par son père et, de 1549 à 1550, élève le très joli portail. le château d'Ambleville, le portail de Genainville, les tours de Nucourt et de Chaumont etc, etc, disent assez l'activité et le talent de ce véritable maître. Mais où il atteint la plus grande perfection c'est ici « car nous sommes bien en présence du chef-d'œuvre » du plus célèbre des Grappin, et n'étaient ces H » couronnées et ces croissants semés à profusion » sur le plafond du porche latéral, nous nous croi- » rions encore aux premières années du règne de » François I, tant il y a de grâce délicate dans l'orne- » mentation et de beauté parfaite dans l'œuvre tout » entière. Rien dans le Vexin à part les chapiteaux » de St Maclou de Pontoise, ne saurait être comparé » à cette petite merveille de la Renaissance; et la » vue du porche de Vétheuil remet involontairement » à la mémoire l'abside si vantée de St Pierre de » Caen » (*La Renaissance dans le Vexin, etc. par L. Regnier*).

Ces travaux exécutés de 1552 à 1558, et inspirés non par François II et Henri II, mais bien, dit L Palustre dans son remarquable ouvrage *La Renaissance en France*, par Louis de Silly et Anne de

Contre les piliers de la nef, trop resserrée pour son élévation, une suite de statues garnissaient les niches. Des curieuses peintures qui couvraient les murs, on ne voit que des restes informes sous le badigeon des chapelles de l'entrée : on prétend y reconnaître les portraits de Jeanne d'Evreux qui éleva le clocher, de Charles le Bel, de François Ier et de Henri II.

A remarquer un splendide « Ecce homo » de l'ecole italienne, deux statues anciennes en pierre et le rétable du XVe siècle, d'école allemande, placé dans une chapelle à gauche, et représentant les dernières scènes de la Passion ; enfin les fonts baptismaux du XIIe siècle et les boiseries.

Une importante fabrique de compas et d'épingles donne au bourg une animation

---

Laval, sa femme, Seigneurs de la Roche-Guyon et de Vetheuil, ces travaux nous permettent de dire, sans exagération, que les Grappin furent les dignes émules des Bullant d'Ecouen, et des Le Mercier dont le château d'Ecouen. St Maclou de Pontoise et St Eustache de Paris montrent le talent si delicat et si fecond. Ces trois noms que l'on ne saurait assurement placer parmi les maîtres du premier rang, viennent, sans conteste, les premiers au second.

qu'il ne connaîtrait pas avec ses paisibles habitants et leur pacifique labeur.

La colline rocheuse que nous allons côtoyer jusqu'à la Roche, présente, sur un parcours de 6 kilomètres, les formes les plus fantastiques : c'est la figure allongée du sphinx, le profil colossal de quelque monstre égyptien, ou les traits humains d'un géant sans mesure ; en d'autres endroits le rocher se creuse en entonnoir, s'élance en pyramide pour s'arrondir en dôme et se creuser et se gonfler encore. N'était le voisinage de la Seine, dont les flots se jouent au milieu d'îles enchantées, que Fénelon n'aurait pas dedaigné de decrire pour son « Télémaque » vous vous croiriez transporté devant quelque contrefort dénudé de nos Pyrénées-Orientales.

Mais quel est ce clocheton qui pointe du rocher, et ces spirales de fumée sortant des entrailles de la terre ? Voilà bien les signes d'êtres humains : où sont leurs demeures. Un examen plus attentif et nos souvenirs historiques diront que nous approchons de Haute-Isle, où

Dedans le roc qui cède et se coupe aisement
Chacun sait de sa main creuser un logement.

Laissons Boileau lui-même chanter, avec une fidélité presque entière encore aujourd'hui, le ravissant séjour dans lequel il passait l'été auprès de son neveu « *l'illustre M. Dongois, greffier en chef du Parlement* » dit-il un peu pompeusement.

C'est un petit village ou plutot un hameau,
Bâti sur le penchant d'un long rang de collines
D'où l'œil s'egare au loin dans les plaines voisines,
La Seine, au pied des monts que son flot vient laver,
Voit du sein de ses eaux vingt îles s'elever,
Qui, partageant son cours en diverses manières
D'une riviere seule y forment vingt rivieres
Tous ses bords sont couverts de saules non plantés,
Et de noyers souvent du passant insultes
Le village au-dessus forme un amphitheâtre.
L'habitant n'y connait ni la chaux, ni le plâtre,
Et dans le roc qui cede et se coupe aisement,
Chacun sait de sa main creuser un logement.
La maison du seigneur, seule un peu plus ornee,
Sa presente au dehors de murs environnee;
Le soleil en naissant la regarde d'abord,
Et le mont la défend des outrages du nord.

(*Epitre à Lamoignon*.)

De *La maison du seigneur* on ne voit plus que le mur d'enceinte bien délabré; et d'autres maisons proprettes n'estimeraient pas honneur trop grand pour elles d'abriter « l'*Illustre M. Dongois*. »

LA ROCHE-GUYON.

But de la présente promenade, La Roche en est la plus interessante étape. Les souvenirs historiques se présentent nombreux et palpitants à la mémoire, depuis la pieuse chretienne Pience, par les soins de qui St Nicaise et ses compagnons, martyrisés au 2e siècle, reçurent a Gasny une honorable sepulture, jusqu'aux La Rochefoucaud, aux Montmorency, aux Rohan-Chabot, qui par la pourpre, la plume ou l épee, jetèrent sur ce séjour et pendant des siècles un eclat dont notre pays recueillit toute la gloire. Rappelons seulement en remontant dans le passé « les retraites où l'abbé, depuis « cardinal de Rohan, conviait la dévote « noblesse de la Restauration, et dont La- « martine a chanté les extases » (1); les travaux philosophiques de l auteur des « *Maximes* »; l'hospitalité qu'y reçut Henri IV au soir de la victoire d Ivry; la noble et pudique réserve de la duchesse de Guercheville, à laquelle le roi rendit cet hommage « Eh bien, Madame, puisque

(1) Les Environs de Paris. p. 559

vous êtes véritablement dame d'honneur, vous le serez de la reine » ; c'est encore la mort tragique du précoce vainqueur de Cérisolles, François de Bourbon, tué dans un simulacre d'assaut à coups de boules de neige ; les retentissantes chasses du règne de François Ier ; l'héroïque défense de Perrette de la Rivière ; le lâche assassinat de Guy par son beau-père, sous les yeux de sa fille qui, par ses prières et de toutes ses forces, essayait de sauver le malheureux : un second crime la réunit à son epoux ; et pendant trois siècles les farouches seigneurs tour à tour vassaux des rois d'Angleterre et de France, inexpugnables dans leur forteresse, portent aux alentours la terreur et la mort.

Dans l'église paroissiale on voit le tombeau en marbre du duc François de Silly, mort en 1637 : il est représenté à genoux, en grand costume de cour. Des inscriptions en l'honneur des anciens seigneurs couvrent les murs des chapelles.

Voici le château ; au sommet de la roche, le vieux donjon, avec ses épaisses murailles et sa triple enceinte, domine superbement toute la contrée. Une longue et très savante étude de Viollet-le-Duc (1) montre avec quel art consommé on a sû choisir cet emplacement, et tirer tout le parti qu il offrait pour la défense : avec quelle habileté les ouvrages, échelonnés au flanc du rocher, se prêtaient un mutuel et puissant secours ; et l'histoire rapporte en combien de rencontres le courage héroique des soldats et de leurs chefs rendit plus redoutable encore cet imprenable asile.

Au pied de la falaise est le château interieur presque entièrement reconstruit au xve siècle : on voit encore des fragments importants de constructions antérieures, entre autres une poterne du xiiie siècle et des caves fort anciennes. La façade principale, très bizarre de style, est flanquée de puissantes tourelles féodales, et décoree, au milieu, d'un large péristyle dont les colonnes doriques soutiennent un fronton. Un très bel escalier conduit aux étages supérieurs. La salle des Gardes, habitée jadis par des armures, offre une série de portraits peints par Rigaut, Mignard, De Tray, Nattier, etc. etc. Dans les

(1) cf. Diction. d'Arch. t. 2, 3e et 5e et passim

salons et les appartements qui suivent, les murs disparaissent sous de splendides tapisseries dont 4 des Gobelins, somptueux cadeau de Louis XIV, représentant l'histoire d'Esther ; les sièges étalent avec orgueil des travaux au petit point exécutés par les duchesses, ou de riches tapis de la Savonnerie : un ameublement en velours de Gênes de la plus grande somptuosité, des meubles de Boule, des dessus de portes et quelques trumeaux peints par Boucher, des boiseries du siècle dernier chantournées de caprices infinis, font de ce séjour une demeure princière, et pour le touriste un but de promenade du plus haut intérêt.

On vous montrera mille petits objets auxquels, en cette maison, le plus grand prix est attaché, en souvenir des personnages « illustres » dit le cicerone, à qui ils ont servi ; la bibliothèque où furent composées les « *Maximes* » ; la chambre de Henri IV ; les profonds souterrains creusés dans le roc, mettant le château en communication avec le donjon au moyen d'escaliers et de corridors obscurs, du plus effrayant effet ; la chapelle où St Nicaise aurait célébré les saints mystères ; l'immense réservoir sans cesse rempli pour distribuer au château et dans le bourg la provision d'eau qui peut être abondante, le bassin étant creusé pour recevoir 352 000 litres ; enfin les restes, majestueux encore, du donjon, et le panorama qui se déploie de cette hauteur.

La route qui escalade l'escarpement, en passant devant une maison de convalescence pour les Enfants des Hopitaux de Paris, conduirait dans la ravissante vallée de l'Epte. Les plus gracieux paysages s'y rencontrent à chaque pas ; et de succulentes truites saumonées s'ébattent en foule dans l'onde rapide et claire de la rivière, promettant pour longtemps encore le plus fin régal aux gourmets.

Une journée passée à côtoyer les bords ombrages de l'Epte ménagerait au touriste de nombreuses et charmantes surprises. Le train descendant vers trois heures sur Vernon ferait rentrer à Mantes pour le diner.

Aux plus pressés, ou bien aux plus désireux de terminer ce jour par une rapide visite au château de Rosny, la voiture de La Roche à Bonnières s'offre pour le train de 2 heures. Elle traverse les immenses plaines de Freneuse toujours plantées de navets, et à portée de vue de l'étrange chaine de collines qui fait le tour de la presqu'île. « Les roches habitées d'un « bout à l'autre accusent des formes nou« velles ; elles ressemblent littéralement, « avec une extraordinaire précision, à de « hautes vagues pétrifiées; on dirait que « les flots de la mer, à force d'en sub« merger, d'en laver les crêtes, les ont, « dans leur flux et leur reflux incessants, « dans ce va-et-vient perpetuel, limées, « polies, sculptees à leur image. » (1) Et partout les carrés de culture se pénètrent et se croisent symétriquement dans le plus pittoresque mélange d'un harmonieux coloris ; et la réalité ajoute un nouveau charme à la poétique illusion des sens.

Bonnières, triste chef-lieu de canton de 1.000 habitants, n'offre au curieux que les vieux souvenirs du Mesnil-Regnard dont il dépendait avant la Révolution. Les restes d'une tour du Xe siècle, environnee de fossés profonds, et une ferme boiteusement juchée sur des piliers comme sur des échasses mériteraient une visite que leur éloignement fait hésiter à entreprendre. (2)

(1) Les Environs de Paris, p. 560.
(2) Voir l'*Epilogue*, p. 138.

Il faut prendre le train qui s'engage aussitôt sous un long tunnel de près de 4 kil. Au débouché, Rolleboise échelonne gracieusement ses maisons sur la route qui longe la Seine, belle et large en cet endroit. Nous avons rappelé quel repaire formidable avait été bâti au sommet de la colline escarpée et les hardis coups de mains si souvent tentés jusqu'aux portes de Mantes par les bandits des grandes compagnies dont Dugesclin nettoya la contrée en les entraînant vers les Pyrénées, au secours de Henri de Transtamarre. Pas une pierre ne rappelle ce terrible passé.

De la pauvrette église, juchée au faîte du rocher, le regard peut juger, en contemplant tout à la fois, sur la gauche, la Roche-Guyon, Vétheuil, Mousseaux, Moisson, Mericourt et son curieux barrage, Guernes et ses plaines semées de fourrés giboyeux, sur la droite Rosny avec son château et sa forêt, enfin, dans le lointain, Mantes aux silhouettes vaporeuses, si l'observatoire était bon au farouches, guerriers qui se l'étaient choisi.

Nous pouvons assurer que la fatigue de l'ascension est vite oublié devant ce panorama qui se déploie pittoresquement sillonné par le cours majestueux de la Seine.

ROSNY

D'un côté de la route de Paris à Rouen les maisons du village, de l'autre le château superbe et ses vastes dépendances, voilà tout Rosny. Mais ce petit bourg et son château méritent l'attention et rappellent de lointains et glorieux souvenirs. Des travaux, exécutés en ce siècle sur differents points du territoire, firent trouver, dans des sépultures de l'époque romaine, des pièces à l'effigie d'Antonin (138-161), de Marc-Aurèle (161-180), de Constantin (306-337), etc., etc. C'est dire l'incontestable antiquité de ce pays.

Les documents historiques remontent aux célèbres Mauvoisin qui, de 1070 à 1365, se transmirent, de père en fils, un nom glorieux dans les armes : seul le nom de Sully devait l'éclipser. Cette famille posséda le domaine de Rosny de 1529 à 1719 ; et le plus illustre de ses membres fut Maximilien de Béthune, duc de Sully, ministre et confident de Henri IV. Il naquit

(1) cf. Rosny-sur-Seine, par l'abbé H. Thomas. Etude judicieuse et complète à laquelle nous avons fait quelques emprunts.

en 1559, non dans le château actuel, mais dans un autre plus modeste, dit de Beuron, situé sur le plateau de ce nom. Témoin de la naissance d'un des hommes les plus justement célèbres de notre histoire, ce séjour cache présentement ses ruines et ses gloires derrière les hautes futaies de la forêt. Cependant que de titres n'a-t-il pas à vivre dans la mémoire des habitants au moins! Il a donné Sully à la France; vit les joyeux ebats du jeune roi de Navarre, qui entre deux victoires, se plaisait à venir goûter les plaisirs de la solitude et de la fidele amitie. C'est à Beuron qu'au soir de la bataille d'Ivry, Henri voulut célébrer son succès, et, bientôt après, reçut la reddition de Mantes.

Et quel site charmant, quelle vue magnifique de toutes parts! Nous ne comprenons pas vraiment l'oubli dans lequel est tombé ce petit coin délicieux: que le promeneur y dirige à nouveau ses pas, et à la jouissance des ressources historiques viendront se joindre les plaisirs inattendus de la plus charmante promenade.

Le château actuel fut élevé par Sully sur l'emplacement de l'ancien château-fort des Mauvoisin détruit par les Anglais en 1475. Dans le plan primitif ce devait être « un vaste quadrilatère comprenant « un bâtiment central a trois etages, flan- « qué de deux pavillons surmontés d'un « long toit aigu, avec deux ailes se termi- « nant également par deux autres pavil- « lons carrés. » (1)

Une galerie à terrasse, d'un étage environ de hauteur, ouverte en son milieu par une poterne, reliait par devant les deux ailes, et donnait accès, au moyen d'un pont-levis, dans la cour d'honneur. On voit aujourd'hui à l'église les portes massives en chêne sculpté qui fermaient la poterne De larges fossés à sec couraient tout autour de la construction. A la mort de son royal ami, Sully, non content d'exhaler sa douleur en des vers touchants qui montrent sa grande âme sous un jour peu connu, fit suspendre les travaux et le château resta inachevé : les deux ailes étaient montées à peine à la naissance du premier étage. On fit à la hâte cet étage très bas et la couverture fut placee. En 1826 la duchesse de Berry reprit les travaux et termina, sur le plan primitif, l'œuvre en suspens depuis deux siècles.

(1 Rosny-sur-Seine p 281.

Malheureusement la terrasse, qui vient affleurer les fenêtres du premier étage, ajoutée alors devant la partie centrale de l'édifice, et prolongée douze ans après jusqu'aux angles des pavillons, après que l'on eut fait raser les deux ailes elevees à grands frais, cette terrasse, disons-nous, detruit le cachet de la construction première, alourdit tout l'ensemble et pour donner plus de profondeur aux logements intérieurs, fait perdre au dehors l'élégance et la légérete qui sont la caractéristique des constructions de cette epoque.

Toutefois, tel qu il est aujourd'hui, il a grand air ce château aux briques rouges avec ses encadrements de chaînages en pierre ; ses hauts toits pointus qui se profilent sur le ciel, accostés de cheminees elancées ; sa monumentale grille d'honneur en fer forgé, pur chef-d'œuvre du temps, et cette longue chaussée pavée que resserrent de vastes gazons. Tout annonce encore le grand seigneur. Le parc, exhaussé en terrasse sur le bord de la Seine, se deploie devant l'autre façade en pelouses ondulées, en massifs ombreux, en longues allees silencieuses aux arbres majestueux. Versailles n'offre pas d'allée plus belle que celle dite de Sully.

L'intérieur du château, richement meublé, présente, entre autres, trois pièces remplies de souvenirs historiques et de curiosités artistiques du plus haut intérêt. C'est d'abord le grand salon, appelé salon jaune, religieusement respecté dans l'état où le laissa l'infortunée duchesse de Berry : superbe glace de St-Gobain, grand lustre, belle cheminée en marbre noir, tapisseries des fauteuils, chaises et canapés, œuvre de la princesse et de ses dames d'honneur, rien n'est changé. Deux bons portraits de Henri IV et de Sully rappellent les premiers et beaux jours de cette princière demeure ; deux tapisseries flamandes, l'Europe et l'Asie, sont toute l'innovation apportée par le nouveau propriétaire.

L'autre salon, à droite, est tendu de tapisseries des Gobelins, du plus grand prix, signées Oudry, 1726 : elles représentent des scènes de chasse.

On admire surtout dans la salle à manger une cheminée de toute beauté : le manteau, qui se perd dans les solives du plafond, est fouillé de rinceaux, d'arabesques et de personnages du travail le plus fini. Des bahuts sculptés, des sièges aux dossiers ajourés en dentelle, où le ciseau capricieux de l'artiste a retracé le triomphe de la Sainte Vierge en opposition avec les fameux travaux d'Hercule ; des médaillons peints sur cuivre ; un superbe dressoir aux armes de France et de Berry ; des chevaliers à cheval et des fantassins, tout bardés de fer, presidant aux pacifiques tournois de la table et des joyeux propos. font de cette salle la partie la plus intéressante d'une excursion si pleine d'intérêt.

On voudra voir, dans le petit oratoire construit au bord de l'eau, deux toiles, de facture puissante et originale, dues au vigoureux pinceau du maître espagnol Ribera ; martyres de St Laurent et de St Barthelemy.

Aux fiers guerroyeurs Mauvoisin, au pacifique et glorieux Sully, à l'infortunée duchesse de Berry, a succéde, en cette noble seigneurie, un richissime industriel, M. Lebaudy, le raffineur bien connu. Comme nous l'avons fait pour Limay, la Roche-Guyon, et bientôt Mantes-la-Ville et Rosay, nous tairons, laissant au ciel le soin de l'en bénir, l'inépuisable charité de la maîtresse de ces lieux : aupres d'elle toutes les misères sont assurées de trouver consolation et soutien.

Attenant à ce séjour du plaisir et de la richesse, un orphelinat reçoit des petites filles pauvres et malades : la reconnaissance et leurs prières sont tout le prix demandé à ces enfants par la fondatrice de l'œuvre, la duchesse de Berry, qui fut pour ce pays une véritable providence.

La chapelle, elevée par ses ordres (1822), sur un plan sévere, est le mausolée dans lequel reposa, de 1824 à 1830, le cœur du duc de Berry. Seuls les vêtements que le malheureux prince portait au moment où il fut assassiné sont renfermés, sous le dallage derrière l'autel, dans une caisse en chêne plombée.

La superbe statue de St Charles, patron du defunt, est düe à l'habile ciseau de M. Rutchiel. Elle mesure deux mètres de hauteur.

L'église, qui a perdu toute trace d'architecture dans les innombrables changements qu'elle eut à subir dans le cours des siècles occupe l'emplacement actuel depuis tantôt mille ans. Si toute parure artistique lui manque, elle est fière cependant de montrer au visiteur le tresor de ses reliques et quelques peintures de prix. C'est un chemin de croix, non signe, de Corot, fait a la hâte et comme par gageure sur la demande d'amis : les connaisseurs l'apprécieront malgré ses défauts. Dans le sanctuaire, une fuite en Egypte, du même, œuvre parfaite, celle-là : le pinceau du maître s'y complut, on le voit. Composée et exécutee pour Rosny et à Rosny, elle reproduit le paysage superbe que l'artiste avait sous les yeux : il ne pouvait mieux faire que de le copier, mais il y mit toute sa manière : aussi le voyons-nous tout entier dans cette œuvre qui « garde la poesie et l'acccent admirablement confus du maitre, » pour employer l'heureuse expression d'un critique bien connu, J. Claretie. Enfin au-dessus de l'autel une descente de croix, tres bonne copie dont l'original est à Rome.

En voilà plus qu'il n'en faut, n'est-ce pas, pour justifier la dépense des quelques instants consacrés à la maison de Dieu.

Le train peut vous ramener à Mantes à moins que vous ne preferiez faire à pied le trajet de 5 kil. sous les ombrages de la forêt.

Vallée de Vaucouleurs et Rosay. — Epône et ses Dolmens.

« Une jeune Suissesse traversant, il y a « quelques années, la vallée de Vaucou- « leurs, s'arrêta en face du village de Vil- « lette et se mit à pleurer; Villette lui rap- « pelait la Suisse et le village où elle avait « passé son enfance. »(1) Ce trait, poétique en sa mélancolie, peint à merveille tout le frais vallon que nous allons parcourir. La route, que suit la diligence de service entre Mantes et Septeuil, déroule ses blancs circuits à mi-côte des plus gracieuses collines : dans le fond, la Vaucouleurs serpente à l'ombre des peupliers et des saules qui se mirent dans le cristal des eaux ; et les oiseaux mêlent leurs chants à son joyeux murmure. Mantes-la-Ville et son château de Villiers, Magnanville et les souvenirs de son aristocratique résidence; dans la vallée Auffreville, le Breuil, Vert, Villette ont tour à tour

(1) Cassan.

disparu. Le vallon se resserre, devient plus profond, plus riant; là se cachent les châteaux de Rosay, Septeuil, Monchauvet, environnés de bois giboyeux Au dessus de Villette, Rosay, vielle terre de Marquisat: l'élégant édifice en briques rouges du temps de Henri III, laisse voir sur lui-même et dans ses dépendances les diverses phases de son existence joyeuse ou guerrière, paisible ou tourmentée. Les fossés et les ponts-levis, la tourelle et la double enceinte fortifiée sont aisément reconnaissables : de puissantes fondations du moyen-âge soutiennent la charmante construction de la Renaissance.

Dans le parc les charmilles et les allées d'arbres géants, les bassins et les lacs, les cascades, les grottes et les rochers rappellent, de très loin sans doute, mais non sans charme, Trianon et St-Cloud. Du haut de la terrasse on plane jusqu'au-delà de Mantes sur toute cette riante vallee, veritable miniature des plus gracieux paysages. (Pour le touriste, retour à Mantes).

Si vous ne revenez à Mantes par la voiture de 2 heures, il vous sera possible, bon marcheur, d'escalader le côteau et de visiter, sur la commune de Guerville, et dans un autre site délicieux, le vieil ermitage de St-Germain-de-Secqval. La chapelle, très imposante encore il y a quelques années, date du XIIe siècle : des fenêtres géminées l'eclairaient, et de curieux chapiteaux historiés supportaient les arcs de la voûte malheureusement détruite et remplacée par un plafond. Aujourd'hui plus rien pour l'archéologue que le récit de la fondation de cet ermitage qui serait du plus grand merveilleux, au dire des vieilles chartes de fondation conservées dans les archives du département. L'an 1162, Henri, seigneur de Guerville, vaillant croisé, était tombé, avec le curé du même lieu, aux mains des Sarrazins ; enfermes dans un même coffre pour y trouver ensemble la mort, le seigneur promit à Dieu, à Marie et au bienheureux saint Germain, s'ils échappaient au trépas, d'elever une église en leur honneur. Et le même jour, le coffre, transporté par la puissance divine, arrivait avec son précieux fardeau sur une petite colline voisine de Guerville, où se voit encore l'hommage de la foi reconnaissante.

EPONE (1)

Epône est un bourg d'un millier d'habitants, coquettement assis à mi-côte et regardant la Seine. Son église, du XIIe siècle, surmontee d'une flèche en pierre finement taillée, avec sa porte à dents de scie, ses belles rosaces et ses zigzags, mérite une étude serieuse. Les ruines du vieux manoir féodal des sires de Crequy rappellent de chevaleresques souvenirs. Le sol fouille en plus d'un endroit a mis au jour quantité de monuments des époques celtique, gallo-romaine et historique. Couteaux et haches en silex, parures en cornes de cerf, caveaux et cercueils, remplis de squelettes, d'os d'animaux, de cendres ; pièces de monnaie, lances, fragments de poterie, etc., découverts en abondance, n'ont pas à ce point débarrassé le sol, que souvent la charrue et la pioche ne mettent encore en mains des témoins du passé.

Au VIe siècle saint Germain visite Epône; au IXe a lieu l'entrevue d'Abélard et de

(1) Cette excursion peut se faire soit par le chemin de fer soit par la Seine en une après-midi.

Charles le Chauve; aux XIVe et XVe, la ville fortifiée se défend avec vaillance contre les Anglais qui la prennent enfin d'assaut. Le souvenir de cette époque guerrière s'est perpétué dans les noms encore en usage de rue de la Brèche, trou aux Anglais, etc.

Dans la plaine qui s'étend le long du fleuve, à la ferme de la Garenne, est situé le curieux dolmen, dit d'Epône. il se compose de deux pierres de quatre mètres de longueur sur cinquante centimètres d'épaisseur: six pierres coniques de soixante centimètres de hauteur environ supportent le tout.

De l'autre côté de l'eau, Rangiport vous offrira de succulentes fritures à faire oublier celles d'Asnières; et pendant le retour par Seine, au travers des îles les plus ravissantes, vous envierez le bonheur des mortels que le Ciel a placés dans une contrée aux paysages si pittoresques et si variés.

EPILOGUE

N.-D. DE LA MÈRE

PORTVILLEZ

I

On nous rendra le témoignage que, durant ce travail, nous n'avons pas abusé des légendes. Elles s'offraient cependant, tout le long de la route, nombreuses et charmantes ; et nous aimons leur naïveté. L'histoire, d'ailleurs, a souvent le droit de les regarder comme siennes.

Aussi nous ne resistons pas au plaisir d'emprunter au vaillant petit journal *La Croix* le délicieux récit qu'Oscar de Poli a consacré, de sa meilleure plume et du meilleur de son cœur, à l'antique et toujours modeste village de Portvillez. (1)

« Non loin de Mantes-la-Jolie, dans le village de Portvillez, est un petit hameau qu'on appelle Notre-Dame de la Mère.

Heureux les peuples qui n'ont pas d'histoire ! a-t-on dit. Heureux, dirai-je, les peuples qui ont une légende !

Le hameau de Notre-Dame de la Mère n'a pas d'histoire, mais il a sa légende, vieille, bien vieille, et touchante.

Voulez-vous que je vous la dise ?

C'était il y a des cent et des cent ans, aux âges d'or où la même foi vive embaumait toutes les âmes, où la vertu, la loyauté, la charité étaient partout en honneur, où le bon Dieu prodiguait les miracles à la terre : le bon vieux temps où les reines filaient, où les rois rendaient eux-mêmes la justice, où les peuples aimaient les rois et les reines.

(1) A Bonnieres, vous apprendrez le chemin conduisant a N.-D. de la Mere; du sommet de la montagne qui suit, en mille ondulations tour à tour sauvages ou gracieuses, les rives de la Seine et ses iles, ici sans nombre, on jouit d'une immense et belle vue: L'ardent pèlerin, double du vaillant touriste, trouverait dans cette excursion toutes les douceurs.

Vous voyez que je parle d'une époque, hélas ! bien loin de nous !

En ce temps là, le village de Portvillez était entouré de grands bois tout remplis de rossignols et de fauvettes.

A l'ombre des chênes séculaires, les pâtres et les pastourelles venaient chercher la fraîcheur et le repos, tandis que dans les prés d'alentour paissaient leurs tendres brebis.

Un jour, le 2 juillet, fête de la Visitation de la très Sainte Vierge, une jeune bergère, Aliette Alloys, en sortant de la messe, alla prendre son troupeau pour le conduire au pâturage.

Comme le soleil dardait ses plus chauds rayons, elle entra dans le bois, et quelle ne fut pas sa surprise, en apercevant un beau lis d'une éclatante blancheur, épanoui sur sa tige d'émeraude, auprès d'un chêne de trois cents ans !

Aliette, toute joyeuse, s'élança pour cueillir la fleur de neige : mais soudain elle s'arrêta, comme pétrifiée, sa main tendue vers le beau lis, n'osant pas le toucher, ses yeux fixés sur le calice de la fleur ; puis, revenue de son émoi, Aliette fléchit les genoux sur la mousse en appelant ses compagnes à grands cris

Les pastourelles accoururent, non d'abord sans quelque frayeur ; mais, après avoir regardé le lis que leur montrait Aliette, elles s'agenouillèrent à son exemple, rassurées, joyeuses, et toutes, d'un même accent enthousiaste et filial, entonnèrent le *Salve Regina.*

Devinez-vous ce qu'il y avait dans le calice de la fleur ?

Oh ! vous chercheriez de longues heures !

Il y avait... une toute petite, une toute mignonne statuette de la Sainte Vierge portant le petit Jésus.

Un chef-d'œuvre, cette statuette !

La divine Mère avait une longue robe blanche serrée par une ceinture d'or dont la boucle était une fleur de lis.

Ses cheveux, d'un blond pâle, pleuvaient sur ses épaules, surmontés d'une étincelante couronne, pareille à celle des rois de France.

Ses yeux, de l'azur des bluets, brillaient d'un sourire maternel ; et le petit Jesus, vêtu d'une robe bleu de ciel, semée de lis d'or, blond, souriant et couronné comme sa mère, tendait ses divins petits bras roses avec une grâce adorable.

Tandis que le chœur pieux des pastourelles modulait le cantique de la Visitation :

Quo sanctus ardor rapit,
O Virgo, flos o Virginum!...

Aliette courait au presbytère.

Bientôt tout le village fut informé de sa trouvaille miraculeuse, et, sur les pas de la bergère guidant le saint pasteur, le peuple prit, avec une anxieuse emotion, le chemin du bois, dont les échos tressaillirent, un instant après, des saintes allegresses du *Magnificat*.

La statue fut portée en grande pompe à l'eglise de Portvillez, puis, d'un avis unanime, on la plaça dans une niche fleurie qui fut solidement fixée au tronc du chêne au pied duquel Aliette l'avait trouvee.

De ce jour, Notre-Dame-du-Lis patronne de Portvillez, fut l'objet d'une devotion fervente, et de vingt lieues a la ronde on vint en pèlerinage pour la venerer.

II

Quatorze ans apres l'invention de la madone de Portvillez, il y avait fête dans le ciel.

C'était le jour anniversaire de la Visitation de la Sainte Vierge ; toutes les voix angéliques chantaient avec d'ineffables harmonies les louanges de la Rose mystique, de la Reine des cieux, de la Mère du divin Sauveur.

Marie, dérobant son humilité à ce doux concert de glorifications, avait été chercher la solitude dans les jardins du Paradis.

Sur ses pas les fleurs s'inclinaient et les oiseaux gazouillaient leurs plus suaves mélodies.

Un nimbe d'or ceignait sa tête virginale ; elle avait une longue robe blanche tissée par les séraphins avec les fils dont Dieu forme l'étoffe des lis.

Assise sur un bloc de saphir, elle écoutait avec une maternelle attention tous les bruits de la terre, les plaintes de la douleur, la prière des âmes, les supplications ardentes et tendres.

Les voix humaines montaient dans l'espace, hymnes d'imploration, d'amour, d'espérance, et chaque fois qu'aux pieds de la Vierge arrivait d'en bas une manifestation de foi filiale, un bienfait tombait du cœur de Marie.

— *Speculum justitiæ !* disait la terre.

Et les humbles, iniquement persécutés, voyaient enfin le terme de la persécution.

- *Ave Maris Stella !...*

Et le navire en détresse dans la tempête voyait le ciel se rasséréner et le flot redevenir paisible.

— *Fœderis arca !*

Et l'exilé recouvrait le ciel de la patrie.

— *Salus infirmorum !*

Et les paralytiques se levaient, et les aveugles recouvraient la vue.

— *Consolatrix afflictorum !*

Et les affligés sentaient leur cœur s'emplir de rayons d'une douceur ineffable.

— *Janua cœli !*

Et les pécheurs, purifiés par le repentir, réconciliés avec leur âme, quittaient avec joie la vie mortelle pour entrer dans l'éternelle vie.

Entre toutes ces voix chrétiennes, ardentes à supplier sa puissante intercession, Marie, ce jour-là, en distinguait une, plus pure et plus vibrante, une voix chargée de larmes, à la fois amère et confiante, un long sanglot déchirant.

Et cette voix disait :

Ave Maria ! Reine des cieux,
Vers toi s'élève ma prière !
Je dois trouver grâce à tes yeux,

C'est en toi, Vierge Sainte, en toi que j'espère,
Mon fils consolait ma misère ;
Il souffre, hélas ! il est mourant !...
Comprends mes pleurs, toi qui fus mère,
Rends-moi, rends-moi mon pauvre enfant !
Ave Maria !

La nuit commençait à envelopper la terre. Marie, de qui le cœur maternel était remué par cette prière désolée, elle qui avait tant souffert au pied de la Croix, Marie, comme toujours, eut pitié de cette mère éprouvée.

Sans être vue des anges, elle s'élança du ciel dans l'espace, et les pâtres, du fond des vallées, voyant glisser dans les airs un lumineux sillon d'or, se signaient en disant : C'est une âme qui s'en va !

C'était Marie, la Consolatrice des affligés, qui venait au secours de la pauvre Aliette.

Car c'était Aliette, la bergère, qui appelait Marie à son aide ; Aliette, qui s'était mariée, qui était devenue mère, et que la mort, la cruelle qu'elle est, menaçait d'une épouvantable douleur.

Son fils, son enfant bien-aimé, son cher trésor était là, dans ses bras, les yeux clos, pâli par la maladie, inerte, presque glacé, agonisant, et la mère douloureuse le couvrait de ses baisers et de ses pleurs, dans le bois sombre, au pied dela statuette de Notre-Dame du Lis, en jetant vers la Mère des mères, le cri de son effroyable angoisse :

— *Ave Maria !* sanglotait Aliette.

Ave Maria ! Mon fils est beau,
De lui je suis déjà si fière !
Bénis son modeste berceau ;
C'est mon bien, mon unique bien sur la terre !
Si Dieu me frappe en sa colère,
Protège du moins l'innocent !
Exauce-moi, c'est une mère
Qui veut mourir pour son enfant !
Ave Maria !

III

Aliette se tordait dans les larmes devant l'image miraculeuse, et le désespoir envahissait son âme, lorsque tout à coup, dans la profondeur des bois, les ténèbres s'illuminèrent d'une immense et surhumaine clarté.

Les rossignols et les fauvettes, s'éveillant dans les nids éclatèrent en chants de joie.

Comme une divine aurore, la lumière se rapprochait de Notre-Dame du Lis.

Dans un flot de rayons prismatisés de toutes les nuances de l'arc-en ciel, s'avançait une blanche apparition, celle de toutes les grâces célestes.

Elle avait longtemps, longtemps cheminé à travers les grands bois, et la traîne de sa robe de neige, serrée par une ceinture fleurdelisée, avait été lacerée, effiloquée par les branchages et les buissons. Tout entière à sa douleur, Aliette n'avait rien vu : ses yeux eplorés ne quittaient le visage sereux de son pauvre petit enfant que pour se lever, suppliants, vers la statuette bénie.

Soudain la mere douloureuse poussa un grand cri, un rugissement d'indicible allégresse, un cri de mère, et sa voix brisée eut comme des sanglots joyeux. Son regard ébloui venait de rencontrer la miraculeuse apparition.

— O Sainte Vierge, dit-elle, sainte bonne Vierge, c'est vous !.. Je vous reconnais !... Que vous êtes belle et que vous êtes bonne !... Vous m'avez entendue, moi, pauvre pécheresse, mère désolée, et vous êtes venue !... Soyez bénie, Mère aimable, Mère admirable, Mère sans tache !... Oh ! n'est-ce-pas que vous voulez m'exaucer, n'est-ce pas que vous allez me rendre mon enfant ?... *Ave Maria !* ..

Alors Marie inclina la tête avec un doux sourire et, dans le même instant, le pauvre petit être rouvrit les yeux et ses joues se rosèrent, et son corps frêle et froid se fit tiède, et ses lèvres, reprenant leur vif éclat, eurent un sourire d'amour et de reconnaissance pour Marie et pour Aliette, — ses deux meres.

Pendant ce temps, les Anges s'étaient aperçus de la disparition de leur Reine ; ils se doutèrent bien qu'elle était descendue sur la terre pour y porter un bienfait.

Guidés par sa trace lumineuse, ils franchirent d'un vol rapide les espaces, pénétrèrent dans les bois de Portvillez, et la sainte phalange vint se prosterner aux pieds de la Mere de Jésus ; puis les anges la prirent sur leurs ailes immaculées et l'emportèrent vers les cieux en chantant :

Beatam me dicent omnes generationes !

Aliette, toujours à genoux, pressant avec une joie infinie son cher trésor, les yeux levés sur le cortège angélique, exhalait le cantique de la reconnaissance :

Ave Maria ! Mais, ô bonheur !
Mon fils renait à ma priere,
Ainsi qu'une brillante fleur !
Touchante bonté ! saint mystère !
Regarde-moi pour que j'espère,
Mon fils !... ton front est souriant...

Merci, merci, divine Mère,
C'est toi qui sauves mon enfant!
Ave Maria !

Au bruit de l'apparition miraculeuse, les pèlerins accoururent à Portvillez par multitudes.

Bientôt un hameau se forma aux abords de Notre-Dame du Lis, et il fut appelé « Notre-Dame de la Mère. »

Il vous est advenu, par les chaudes journées, de voir flotter dans l'air pur de ces longs fils d'une candeur de neige, que la poésie populaire a nommé « *les fils de la Vierge* ». La science dit, avec M. le marquis de Voltaire, que ce sont des lambeaux de toile d'araignée, mais la légende, elle, nous enseigne, que ce sont les lambeaux de la robe blanche que portait la Sainte Vierge, lorsqu'elle vint sauver l'enfant d'Aliette, et qui, vous l'avez vu, avait été déchirée par les branches et les buissons.

J'aime mieux la légende. — Et vous ? »

Il faut s'arrêter. Ce n'est pas sans regret que nous disons un dernier adieu a ce pays ou d'autres excursions non moins intéressantes ne manquent point, non plus que d'autres souvenirs du passé. Trop heureux si, avec la connaissance plus grande de l'histoire locale et des beautés naturelles, qui font des environs de Mantes l'un des sites les plus charmants de la grande banlieue de Paris, nous avons pu communiquer au lecteur un desir plus ardent d'élever son âme reconnaissante vers Dieu, createur puissant et bon de cette merveilleuse nature.

Guyot, Imp. N. D. à Pierre par Toul. Meurthe.

Note, page 68, ligne 21.

La chapelle Ste-Geneviève a repris une nouvelle jeunesse. Grâce aux largesses de quelques âmes pieuses et aux cotisations des chrétiennes de la cité qui se glorifient de porter le nom de la douce bergère, une restauration complète vient d'être exécutée : autel, statue, verriere tout ici est digne désormais de la majesté de Dieu et du temple, de la sainte et de ses protégées.

La même piété généreuse a remplacé par la belle chaire actuelle, du style de l'église, celle en chêne, non sans valeur, élevée, ainsi que le banc-d'œuvre, au commencement du siècle.

Nous émettons le vœu que des souscriptions nouvelles permettent de commencer bientôt la restauration de la chapelle des Fonts : Que tous ceux qui y reçurent le Saint Baptême prennent cette œuvre à cœur ; elle sera promptement et à leur honneur réalisée.

ERRATA.

Page.	Ligne	Lisez	au lieu de
14	21	(rue Thiers)	(rue) Thiers.
33	22-23	ingenûment	ingénieusement
39	note 2, ajouter « en priant à nouveau l'aimable artiste de croire à notre gratitude ».		
46	5	Après « quelques années » ajouter « dans ses parties basses ».	
46	9	Ajouter « en faisant, pour le moment, cette chapelle de Navarre si délabrée, dont le joli dessin de Viollet le duc, page 46 donne la très heureuse restauration	
46	26	s'échappe	s'échappent.
60	28	Chauvincourt	Chauvicourt
68	7, 8	La pierre adossée au mur, après une heureuse restauration, fut (au lieu de) La pierre adossée au mur, après une heureuse restauration fut retrouvée.	
74	15	la restauration	sa restauration
77	La vue de N.-D. de Mantes Arcs-boutants (sud) devra se placer à la page 77 dont le texte lui convient.		
87	1	sons-nous	lisons-nous.
88	6	Rues des Tanneries et du Port,	rue des Tanneries etc.
108	12	entrelacs,	entrelacs
129	25	bon aux farouches guerriers,	bon au farouches, guerriers
129	27	oubliée,	oublié.
131	23	ressouvenirs	ressources.
138	17	Magnanville	Margnanville.

www.ingramcontent.com/pod-product-compliance
Ingram Content Group UK Ltd.
Pitfield, Milton Keynes, MK11 3LW, UK
UKHW022101190726
13855UKWH00002B/573

9 782013 061919